楊憲東 博士◎著
成功大學航太研究所教授
大破譯

改版序

「一顆露珠閃爍在春天早晨的陽光中」，這相同的景致映入不同人的腦海中，會以不同的風貌表達出來……

詩人用詩詞文句表達露珠動態之美

音樂家用音符表達露珠在早晨陽光中的跳動

畫家用彩筆描繪露珠晶瑩閃亮的外形

科學家用符號方程式描述露珠閃爍的行為及其獨特的外形

文學家、音樂家、畫家、科學家，他們都在做著相同的工作……用他們各自所熟悉的工具去描述他們所共同生活的環境。我們對於宇宙人生的看法不也是如此嗎？我們可以用宗教、哲學、科學等等不同的角度來解讀宇宙人生的道理，所用的工具與方法也許不同，但我們所要描述的主體卻是相同的。

宇宙內的事物有可知的、有未知的、也有不可知的，其中科學用以解釋已知的；哲學用以探討未知的；而宗教用以體悟不可知的。《大破譯》試著去扮演溝通科學、哲學、宗教三者的角色，因此書中有科學的方程式，有哲學的學說，也有宗教的義理。科學、哲學、宗教三者雖各有其功能與局限性，但是希望學科學的朋友看了《大破譯》能夠不排斥以宗教的方式去體悟不可知的宇宙；希望宗教界的朋友看了《大破譯》能夠不排斥以科學的方法解釋可知的宇宙；希望研究哲學的朋友看了《大破譯》能夠更積極貫通科學與宗教，讓可知的與不可知的更加接近。

許多讀者告訴我，他們在看了《大破譯》之後，有豁然開朗的感覺，覺得宗教與科學其實並不是相距那麼遙遠。我很高興能與讀者共同分享這份喜悅。真理不因科學或宗教而生，但真理卻可因科學和宗教而顯。長久以來，唯有科學才被視為是真理的教育，宗教則被視為是信仰，被排除在教育的門外。難道宗教除了信仰的功能外，沒有一點教育的內涵嗎？這是我在書中一直想要去提醒讀者注意的。令人欣慰的是宗教的教育近年來逐漸受到教育當局的重視，宗教大學及學院相繼成立，並授與正式的教育文憑。新的世紀已經來臨，期盼科學界與宗教界的朋友都能更加看到彼此的好，攜手合作為解答宇宙人生的迷津而共同努力。

藉著改版的機會我要感謝老讀者對《大破譯》的支持和鼓勵，相信改版的《大破譯》在宇河文化李錫東總經理及編輯同仁的協助下，會有更多的讀者和我們一起分享破譯宇宙人生奧秘的喜悅。

楊憲東　二〇〇一年二月於台南

目次

第1章

破譯佛經超時空思想

本章概要

長久以來，佛陀的思想不被視為學校正統教育的一環，佛學院畢業的學生沒有教育部頒給的正式畢業文憑。為什麼同樣是宗教，儒家的思想是每個學子必讀，且考試必考，而佛家的思想卻是佛門弟子及少數在家居士的專利？因為在中國傳統文化的定位中，儒家思想被視為是教育，而佛家思想則隸屬於信仰的範圍。教育是在傳播真理，所以一個人不管喜不喜歡都要接受儒家的思想，信仰則是取決於個人的因緣與悟性，所以要不要接受佛家的思想，悉聽尊便。

於是我們要問，在佛陀的衆多思想中，真的沒有一些可當成是真理的教育嗎？真的沒有一些值得所有學子去研讀了解嗎？當然不是！那麼問題出在那裡呢？在於佛教以前太過注重個人信仰的建立，而疏忽了真理的教育。難道一定要先有堅定的佛教信仰才能接受佛陀的教育嗎？儒家思想所以被視為教育而非信仰，在於其「有教無類」的精神，不管有緣、無緣，都可以接受儒家思想的薰陶。但佛家思想的傳承頗注重因緣的俱足，所謂「佛渡有緣人」，正顯示佛家教育的「選擇性」。這也是佛家思想無法像儒家思想一樣，形成一般化教育的主因。

從沒有聽人說：「我信仰相對論」的，相對論的真理跟你的信與不信，有何關係呢？你相信它，它成立；你不相信它，它依然成立。佛陀所述說的真理，難道只能取信於有佛教信仰的人嗎？宇宙的真理是原原本本就已經存在了，不是因為有了佛陀，才帶來了宇宙的真理；不是因為有了基督，才帶來了宇宙的真理。

「真理不因宗教而生，真理卻因宗教而顯」。相對論講的是真理，大家可以接受；佛陀講的是真理，不見得每一個非佛教徒都可以接受。透過世界通用的科學符號來表達佛理，本章嘗試讓讀者了解，佛理的成立與我們個人的宗教背景是無關的，每一個不同宗教信仰的人都值得去學習佛理，這和我們每一個人都值得去學習基本的國中理化知識，是一樣的道理，因為佛理與基本的國中理化知識都是在講述宇宙的真理。

附錄中有幾個數學式子是為那些需要透過科學才能相信真理的人而寫。不熟悉高中數學符號的讀者可以跳過這幾個式子，而無損於對文中含意的了解。

科學是宗教的方便法門

如果我們把宇宙太空侷限在肉體感官可感知的有形世界時，則諸如UFO（不明飛行物）、潛意識、靈魂、鬼神的現象是無法被解釋的。在古時候天文觀測儀器還不是很發達的時候，人們認爲地球是全宇宙的中心，日月星辰均圍繞地球而轉。現代文明人一定認爲古人的想法眞是幼稚又可笑，其實古人的想法是沒有任何可責難的，「地球爲宇宙的中心」是古人根據當時的科技，對宇宙觀測所得到的一個結論。對當時的人而言，他們一定自認這樣的觀測結論是沒有錯的。

「嚴以責人、寬以待己」乃人類之通病，現代人一方面糾正古時人類錯誤的宇宙觀，一方面也自認對宇宙做了最正確的描述，不過我們有沒有想過在經過幾百年後，那時的人類會不會認爲現在的宇宙觀是既幼稚又可笑呢？這是絕對可能的，因爲科技是區域性的，它受到時間與空間的限制，而無法對宇宙眞理作全面性的描述，雖然科技會隨時間而發展成熟，但那是漸進的，不是一蹴可幾的。

而在另一方面，宗教，尤其是東方的宗教，對於宇宙的描述經常是全面性的，不受時間與空間的限制，科學愈是昌明，愈加驗證佛經、道德經和易經的正確性。眞理是如如不動的，是原原本本就在那邊的。老子、釋迦牟尼在得道前所具有的宇宙太空知識如何可以跟現代的科技相比，但是當他們得道後，對於宇宙人生的大澈大悟卻又遠超過目前科學可以解釋的範圍。

科學在追求眞理上所作的努力是可以被肯定的；但就效率來講，用科學來追求眞理是很吃力的。人的壽命非常有限，在其有生之年，縱窮其畢生之精力於科學研究，又能窺悉多少宇宙眞理呢？天才如愛因斯坦，到其晚年仍汲汲於研究工作，終因積勞成疾，死於書桌前，桌上仍留著未決的「大統一場理論」手稿。我們除了惋惜這位偉大科學家未能完成他的志業外，也深深體悟到天才如愛因斯坦者，窮其畢生之精力猶未能解開其心中對宇宙之疑惑；庸才如我輩者，又何能冀望在有生之年揭開宇宙之眞理。許多傑出的科學家，在他們晚年的時候都不約而同地進入宗教和哲學的範疇。愈是接近眞理，愈加發現它的浩瀚無窮，以所剩無多的人生歲月，似已無法單獨用科學研究去揭開眞理的面紗，這應是這些科學家晚年心理的寫照。

宗教對於眞理的探求，其本質和科學的研究方法是不同的，而宗教的修煉法門也沒有科學參入的必要。可是在另一方面，科學有其全球性的共通語言，從小孩到老人，從落後國家到先進國家，都或多或少受到過科學教育的薰陶；但宗教卻是傾向於民族性的、區域性的，在不同宗教派系之間，理念存在著差異性且不容易有共通的標準。這其間的不同點就在於現在科學是被當成教育在傳播，而宗教卻被當成是修身養性的方法，沒有強迫性的教育灌輸，全憑個人的因緣慧根。所以我們有如下的看法：

如果科學與宗教都是在探求宇宙的眞理，則我們實在沒有任何理由把科學視爲教育，卻把宗教摒除在教育的門外。

任何心智的活動，若其根本目的是在傳播宇宙眞理，都應視爲是渡化眾生的法門（相信宗教界人士不會反對此說法），則科學在渡化眾生的成效上是不容否定的。但如前所述，科學的發展有未臻完備的地方，它所看到的宇宙眞理有時只是部份的，非全面性的；它甚至在某些時期會傳播類似所謂「地球是宇宙中心」的「眞理」。站在渡化眾生的共同目標上，宗教需要發揮其憐憫心，爲科學教育提供一個正確的研究方向。科學與宗教相融爲一體，宗教的智慧結合科學的共通性與普通性，這才是芸芸眾生之福。

眞理的教育

教育的原則是有教無類，宗教自不能只渡有緣人，宇宙的眞理人人有權利知道，國中生人人必讀的物理、化學在表達自然的現象與物質的特性，就廣義而言，這也是宇宙眞理的一部分，更清楚地講，國中物理、化學的教學，實際上就是渡化眾生的工作。

當然這個觀念有人一定不表贊同，但我們應仔細想想，在國中物理化學中所提到的原子、分子、細胞的觀念對數百年前的人而言，是標準形而上學的東西，我們可以自問如何說服五百年前的人類，讓他們相信有原子、分子的存在？利用科學嗎？不可能，那個時代的科學知識或儀器設備，無法讓人從感官上去認同原子、分子的存在；感官上不行，唯一可行之路是透過宗教上的體悟，我們必須使用當時的語言文字與知識背景來形容原子、分子這麼小的粒子，這些文字的說明累積起來就成了所謂宗教的經典，而我們就是所謂的神。

同樣的知識在五百年前是宗教的思想，而在今天卻是基礎教育，而同樣知識的傳播在五百年前稱爲渡化眾生，在今天卻稱爲九年義務教育。對一個未受過現代科學文明薰陶的孩子而言，其知識背景和五百年前的人類比起來是沒有兩樣的，教導他物理化學，說是渡化他也好，說是教育也好，對孩子而言，是沒有兩樣的。今天的科學是五百年前的宗教思想，那我們有理由相信今天的宗教思想是五百年後的基礎科學教育。從這裡可以看出來，宗教是科學的前身，而科學則是宗教的實現；宗教先對宇宙眞理予以抽象的描述，科學則隨之加以量化、具體化。

我們平常把科學和宗教看得太嚴肅了，似乎有意無意地把它們兩極化、對比化。我們從一生出來就在如下的意識型態中成長：

・宗教是一種信仰，是一種心靈的寄託；宗教是神聖的，宗教的儀式要絕對被遵守，否則就沒有效果。

・科學純粹是物質化的產物，是人類改善生活的工具，是機械式的，是沒有生命的，完全等待人類去應用它、操縱它。

宗教逐漸地被抽象化，科學逐漸地被物質化，已使得前者淪落爲滿足心靈的工具，後者則淪落爲滿足肉體的工具。這是人類的共業，人的起心動念無一不受到這共業的影響，這裡面已經沒有所謂對與錯，有的只是因習成性。唯有透過靜坐的禪定我們才能砍斷與共業連接的一條臍帶，進而接通大自然的智慧，看到宗教與科學原原本本的風貌。

宗教與科學都是人類共業下的產物。其實根本就沒有宗教與科學這二樣東西，有的只是眞理的教育。人類因習成性總是把事情愈弄愈複雜。耶穌基督、釋迦牟尼、穆罕默德、孔子、老子這五大宗教的創始者，當初都只是很單純地在傳播眞理的教育，而隨著時間的久遠，後人只能看到經典、儀式與法門，逐漸疏忽了創教者最原始的動機。牛頓之於萬有引力，愛因斯坦之於相對論，他們都只是單純地把他們所觀察到的宇宙現象描述出來而已，後人把他們的理論用來製造火箭與原子彈，是始料所不及的。宗教的創始者和重大科學成就者所要傳達的眞理，歸納起來不出下面這二十個字：

忠，恕，廉，明，德，正，義，信，忍，公，博，孝，仁，慈，覺，節，儉，眞，禮，和。

這裡面的每一個字或某幾個字的組合，都曾是某些宗教創教的最原始動機，而科學所追求者乃覺與眞。當我們清清楚楚地了解宗教與科學的最原始目的，那麼宗教的儀式、經典，科學的符號，運算邏輯便不再是那麼地嚴肅刻板。它們只是彈性應用的工具，爲的是讓眞理彰顯；最怕的是反客爲主，把儀式、經典視爲宗教的全部，而把符號、邏輯視爲科學的本體，如此一來又重新陷入人類因習成性所建立的共業中。

以科學的心觀照宗教

本文將以相對論四度時空爲基礎，詮釋佛經中空的思想。所有的推論皆源自既已完成的科學實驗，及嚴格的數學推導，不做任何宗教性的穿鑿附會。但縱使在如此高度科學理性的監督下，吾人依然會發現相對論與佛教中的某些義理，實在有太多雷同之處，多到吾人無法以「純係巧合」這樣的字眼搪塞過去。這不禁讓人懷疑這二種互不相干的思想，是否正在描述相同的事情？西方的科學與東方的宗教哲學是否正邁向共同的終極目標？

本文對這樣的懷疑持肯定的態度，實際上個人認爲相對論與佛理都是在描述自然法則；所謂的大統一場理論、道、佛法，都是在描述宇宙內所有事物的運作原理，只不過統一場理論是定量的，而道與佛法是定性的。相信很多人會對這樣的看法很不以爲然，其實這是難免的，終究佛理背負著太多信仰與承襲的包袱，而神秘的宗教色彩，又使其蒙上致命的迷信陰影。

自從五四運動以來，落伍與迂腐一直是佛理研究的代名詞，尤其當它面對西方偉大的科學革命——相對論與量子力學時，竟然還有中國的讀書人會感到羞愧地無地自容——

—別人都已進入四度空間的世界，我們還在沈迷於古老的佛教思想？其實佛理所闡述的宇宙時空何止四度！該是重拾起信心的時候了。

雖說近年來，佛教的信仰慢慢深入社會各階層，從勞動界、政經界到學術界均激起參禪拜佛的熱潮，但如果仔細分析這波熱潮的背後，吾人會發現這隱藏著高度物質化世界中，人類心靈中的空虛，以及反映人們對生老病死、諸事無常的無奈與敬畏。捻一柱香，誦一段經給人們心中無限法喜。獲得心靈的寧靜、慰藉、滿足或者是累積功德，脫離輪迴之苦，一直是吃齋念佛者追求的目的。這就是吾人前面所講的，佛理背負太多信仰與承襲的包袱，雖然這是佛教渡化眾生的必要手段，但也慢慢扭曲了佛理的眞義。

在過度重視西洋科學的今天，「信仰」反而成了宗教傳播上的阻力。各位讀者你知道爲什麼同樣是宗教，但是在國高中的教育中，卻只能教孔孟的思想，而不能教基督、佛陀的思想？因爲大部份的人認爲孔孟思想是一種教育而非信仰，而基督或佛陀的思想是信仰而非教育。教育是在傳達眞理，是強迫性的，不管你喜不喜歡，你一定要接受教育，接受眞理的薰陶；而另一方面，信仰是隨個人好惡而定的，你喜歡佛教，你就去信；你喜歡基督教，你就去信，沒人管得著你！可是絕沒聽人說：我信仰愛因斯坦的相對論。相對論是眞理，不是你喜歡它，就信仰；不喜歡它，就不去信仰。

所以一旦大部份的人把基督、佛陀的思想當成信仰而非眞理的教育時，我們也不必訝異於爲什麼佛學院、基督學院的畢業生在國內不能授與正式的學士或碩、博士學位，因爲大部份的社會人士（包含教育當局，甚至包含一些宗教界人士），把佛學院、基督學院的教育目標當成是純粹的信仰傳承，而非眞理的教育。這就是前面所講的「信仰」反而成了宗教傳播上的阻力。沒有錯，有信仰才得以發揮力量，透過信仰才得以發揮宗教的特質，但是由主觀意識的好惡所建立起來的信仰可以載舟，卻也足以覆舟。

在目前台灣的社會，我們經常可以看到一大群人，極力擁護某一教派，因爲這一教派是他們所喜好的，當然有喜就有惡，對於他們所討厭的教派，自然會義不容辭地加以糾正、批評，以滿足他們心中好惡的標準。

由主觀性的好惡所建立起來的信仰，極易引起宗教間的衝突，小則如宗教團體間之攻訐，大則如不同種族間之宗教戰爭。例如長久以來，猶太教與回教、回教與基督教世界間之衝突，皆是由於強烈主觀的宗教信仰所產生的好惡分別心，優越與低下的分別心在作祟。

以科學的心觀照宗教，幫助我們去除這種主觀性的信仰。透過眞理的教育，了解宗教的平等性，一般性，與共通性，如此所產生的信仰才具長久的、包融的特質。牛頓定律、相對論都是經過科學驗證的眞理，眞理是無由產生分別心的，眞理是無由產生好惡心的，眞理是獨立於信仰之外的。我們只聽過某些國家不信佛教，或某些國家不信基督教，總沒有聽說那些國家是不信牛頓、愛因斯坦的，更不用說有那些國家會因對牛頓定律、相對論認知上的不同，而引起戰爭的。理由無他，因眞理是無法爭辯的，而信仰卻是好惡我自爲之，與你何干？各人的認知不同，爭辯自然而起，衝突自然而起。

如今佛陀的思想不被視爲正統學校教育，千萬學子無緣接受佛陀智慧的薰陶，主要的關鍵就在於佛陀的思想被定位在信仰的基礎上，而非眞理的基礎上。

如果佛陀的思想能被證實且被接受爲眞理，則不僅是中國，而是全世界每一個國家的人民，都爭相學習，就像人們在學牛頓定律一樣，是不分種族與黨派的。

科學雖無法完全解釋佛陀思想，但透過科學的驗證，卻足以讓人們了解佛陀的思想是宇宙的眞理。既是眞理，就有需要透過教育灌輸給每一個人。透過教育讓每一個宗教背景都不同的人，都明瞭佛陀思想的精華，如此的影響層面是不是比單純地將佛教視爲一種個人的信仰來得既深且廣呢？如此才是佛陀普渡眾生、大慈大悲精神的發揚。佛陀的教育不應限於「信仰」佛教的眾生。

如果吾人能夠拿研習相對論的精神，來研究佛經，暫且拋開信仰的包袱來看待這位老朋友，吾人將會發現佛經其實是在描述宇宙自然的現象，與人類的生活息息相關。佛理從來就不是在遙遠的星球，而是在吾人生存的這空間中，佛理從來就不限於佛經與僧尼上，而是在吾人對宇宙內事理的體悟上。這正是金剛經所言「一切法，皆是佛法」的道理。但這些法是不生不滅的，是無時無刻彌漫在吾人所處的時空中，是自然存在的，無須人們特意的念誦與記載，故金剛經又云：「所謂一切法者，即非一切法」。心經中也有同樣的說法：「是諸法空相，不生不滅，不垢不淨，不增不減」。

執著與空性的對比

大藏經中講「空」最多的首推金剛經和心經。如金剛經中最有名的四句偈：

一切有爲法，如夢幻泡影；
如露亦如電，應作如是觀。

此偈透露著極深的「空」的思想，其意指一切事物皆無固定實體，它們是隨著因緣生滅的，也可以說是不斷在變化、流動的。一切世間的事物包含財與情，名與利，都不斷地在轉變中，故自然會令人有色塵界事物一切皆空的感慨。然而佛教的眞義，並不是將所有的事物，都用一個空字來解釋，基本上仍在於讓吾人藉由認識空性，而了悟這世間一切，無一樣是我所有。般若心經把「空」講得更加直接：

色不異空，空不異空；色即是空，空即是色。

其中第一句的色不異空及第三句的色即是空，是同義的，其意和金剛經的四句偈皆在表達相同的觀念，即「所有的東西皆是空性幻化」。在現實中我們以肉體生存在現象世界裡，此身體如離開現象界，我們就不存在了。「色即是空」告訴我們，這個身體和世間萬物都是在成、住、壞、空的過程中變異，總有一天要死亡、消滅。這世間一切都不時在轉變中，所以吾人如何在日常生活中保持諦觀，不爲所動，乃是最重要的。

第二句的空不異色和第四句的空即是色，則是在悟透世事虛幻的道理後，重新踏實的過人生。禪宗有句話叫「枯木開花」很接近「空即是色」的意境。當春天來時，百花盛開，溫暖了我們的心，但冬天一到，風吹雨淋，美麗的花瓣灑落一地，爲行人舖路，看了令人心疼。但是冬去春來，枯木逢春猶再發，美麗的花朵又展現在眼前。冬天雖然一片空寂，但其蘊含著生機，當春天一到，這生機就以有形的生命展現出來，這就是空寂中含生機，亦即空即是色的道理。（文獻1）

所謂執著，是指對某件東西特別愛不釋手、深切掛念要取爲己有並永遠佔有它，整個心被懸在那兒放不下。一般人不僅對錢財或其他物品放不下，幾乎對所有事物都放不下，所以煩惱才會那麼多。所謂無執著，即是不被束縛、無所罣礙。空的思想就是要大眾從一切執著中解脫出來。吾人可以作下列的對比：

‧執著

認爲事物的本性，不隨時間而變化；事物的歸屬也不會變化。例如執著的人希望「青春」這件事情不要隨時間而有所改變，而且希望他能一直擁有「青春」。若把青春當成事件A，而把人當成是座標上的格子點，則執著的思想是認定A不隨時間t變化，而且A的空間座標(x,y,z)也可永遠固定。此即絕對時空的觀念，認爲事物的本性不管從任何角度(任何座標系統)來看，皆是絕對的、不變的。

‧空

認爲一切現象都是假相幻化而無實體性的，這是相對的時空觀，相信事物皆隨著時間和空間而變化不息。一九〇五年愛因斯坦將人類的視野從牛頓時代的絕對時空觀引人狹義相對論的相對時空觀，其角色猶如大乘佛教渡化眾生脫離執著相，而達彼岸空的境界。

- ‧執著↓絕對時空觀
- ‧空相↓相對時空觀
- ‧佛陀↓愛因斯坦

相對論與世間幻相

狹義相對論在說明不同的慣性座標系統（靜止或等速），爲何對相同的事件會有不同的描述。這種描述的差異發生在時間與空間的傳統認知上。例如一事件所經歷的時間在A座標系統來觀察是A秒；但在B座標系統來觀察卻又變成B秒；在C來看，又成C秒，……如此下去，導致不一樣系統的人，對時間長短的認知都不一樣。

同樣一件事情的經歷時間，竟會有千千萬萬種的說法，麻煩的是所有系統上的人用以測量時間的工具都完全相同，且都是最精確的原子振盪器，這到底是怎麼回事？其實所有系統的人所看到的事件，都是眞實事件的幻相。更精確地講，不同三度空間系統的人所看到的事件是四度空間的眞實事件在他們所在的那個特別的三度空間上的投影。不同的三度空間所看到的投影量也不同，因此不同三度空間的人，都根據他們所看到的事相，給予最精確的量測。所以他們的量測值，每一個都沒有錯，因爲他們都極忠實地記錄了他們所看到的；但是我們也可以說所有的量測都是錯的，因爲他們所量到的都只是投影量，只是幻相，而不是眞實事件的本身。

這種是對又是錯的時空哲理迷惑著每一個初接觸相對論的人。其實這種情況也發生在閱讀金剛經的人身上，因爲此經上有很多類似這樣是對又是錯的理念：

- 所謂佛法者，即非佛法，是名佛法。
- 莊嚴佛土者，即非莊嚴，是名莊嚴。
- 世界非世界，是名世界。
- 般若波羅蜜，即非般若波羅蜜，是名般若波羅蜜。

……………

這樣的語法實在包含了很深的哲理。以第三句爲例，世界非世界，是名世界。若直接翻譯，則可說成「這個世人所處的三度空間，爲何被稱爲是世界，就是因爲它不是眞實的世界；那爲何不是眞實的世界，才可被稱爲世界呢？這是因爲世人所謂的世界，是指感官觸覺可以感知的世界，但一個世界可被感知，一定要先將眞實的四度空間世界投影到三度世界來才可以，因此可被感知的世界並不是眞實的世界。所以就世人而言，投影的世界（即非世界），才是可以感知的世界（是名世界）。

雖然吾人在世間所見到的相是實實在在存在著，但它畢竟只是假相，它是被扭曲過後的事象（投影相）。佛理的目的即在幫助吾人從假相中併湊（或稱悟）眞理。所以金剛經又云：「若見諸相非相，則見如來。」所謂「如來」就是無所從來，亦無所去，亦即原原本本的面貌。見諸相非相，則見如來，是說不被三度空間的投影相所迷惑、所蒙蔽，則可看到事象在四度空間中的本來面貌。

會導致狹義相對論中相對時空的觀念，主要是源自於其二大基本假設：

①所有物理定律在相對運動的慣性系統中都一樣。

②不管由誰來看，也不管光源是否在動，光速永遠不變。

假設①比較容易了解，因爲等速運動都是相對的，無法絕對地決定何者靜止、何者在動，因此所看到的物理現象應是相通的。至於第②個假設可能不易從常理來思考，也可以說其根本違反常理。假設吾人有某種航行器可以沿光進行的方向，以〇・五倍光速前進，此時坐在航行器內的人應量到光相對於航行器的速度只有〇・五C（C表光速）。但狹義相對論認爲傳統的相對速度觀念，並不適用於光速。不管觀察者的速度多快，他所量到的光速永遠是 3×10^8 m/sec。雖然這個假設不合常理，但以此假設爲出發點的狹義相對論卻能成功地驗證星體的運動及微小粒子的行爲。因此光速不變這個事實是無庸置疑的。可惜愛因斯坦未能進一步探討這個假設的背後所隱藏的極不尋常的時空現象，由於時機尚未成熟，個人不便在此對這一論點多做引申，但可稍做補充說明的是猶如廣義相對論所言，重力根本不是力，而是時空的幾何扭曲，作者更進一步認爲吾人所量到的光速C不是眞正光的速度，也只是時空的一種特性罷了。

根據這二個假設，愛因斯坦發現了二個非常奇怪的現象。第一個現象是時間的相對性，也就是時間可快可慢，不是一成不變的往前進行。第二個現象是空間的相對性，也就是事物的大小會依觀察者的運動狀態而呈現不同的外觀。

時間是幻相

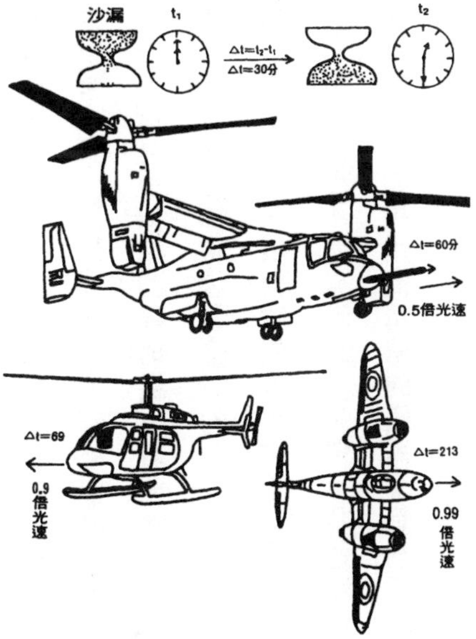

不同的觀察者所量到的沙漏時間均不一致。

前圖說明時間的幻相。在圖中有一個沙漏，沙子全部漏完所需要的時間是30分鐘。在一架垂直起降的飛機上來觀察沙漏（假設飛機的速度是〇．五倍光速）漏完的時間則變成35分鐘；在一架以〇．九倍光速前進的直昇機來看，沙漏的時間則爲69分鐘；而在以〇．九九倍光速前進的噴射機來看，沙漏全部漏完的時間爲213分鐘。這是不是幻相呢？相同的沙漏，卻會因觀察者的速度不同，而導致不同的時間量測。一定有讀者會感到納悶，既然如此，爲何我們日常生活中不會感覺到這種時間差異性的存在呢？關鍵在於平時我們的速度不管坐車或坐飛機，其速度均遠小於光速，所產生的時間差很小，我們不易察覺；但如果用高精密的儀器來量測時間，這種時間上的差異性，的確是可破證實的。

下圖則說明距離的幻相。有一線段長5公分，今有三個觀察者，甲坐在火箭上，乙坐在飛機上，丙坐在直昇機上。三個人用相同的尺，相同的公式去量測同一線段的長度。結果卻發現，三個人所量測的長度均不同，速度愈快的觀察者，他所量到的長度則愈短。

基於上面的討論，我們有下列的看法：

①每一個系統的時間都是獨立的，而且所用以測量時間的工具均完全相同。這一點

距離是幻相

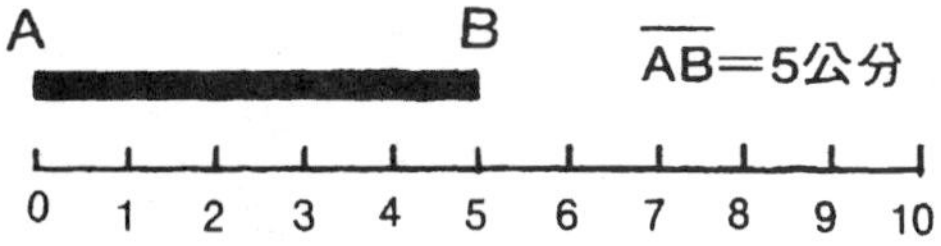

3個觀察者均使用相同的公式：

$$\overline{AB}=\sqrt{(x_1-x_2)^2+(y_1-y_2)^2+(z_1-z_2)^2}$$

1.
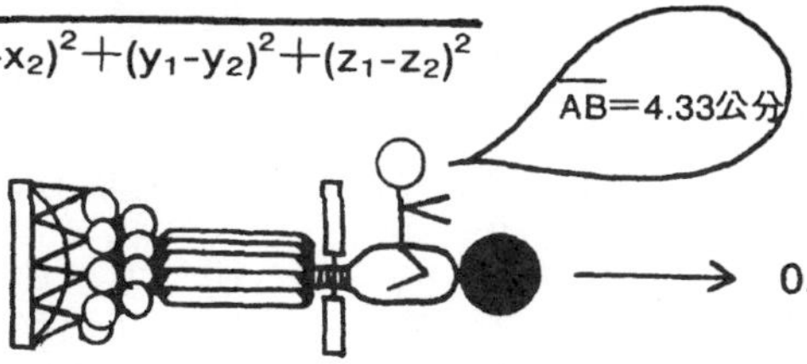

0.5倍光速

2.
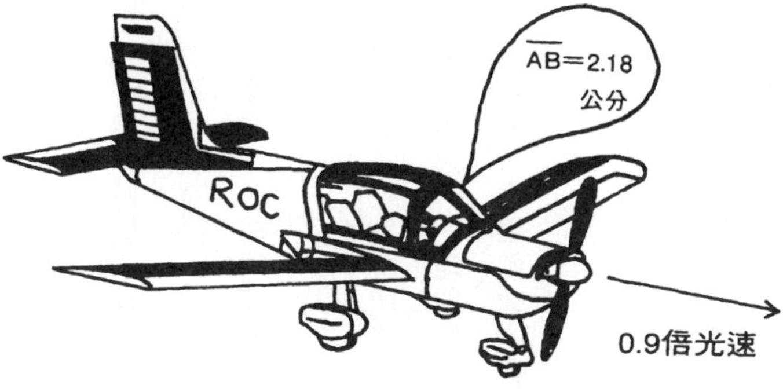

0.9倍光速

3.

0.99倍光速

對相同的物體，但不同的觀察者，卻會量到不同的長度，到底誰的答案最正確呢？

是由狹義相對論的第一假設所得到，即在相對運動的慣性座標中，所有物理定律均相同。因此原子的振盪週期在不同的慣性座標中均相同，亦即每一個座標系統的基本最小時間單位均相同。

②相對運動的大小與型式，會影響對相同事件時間的描述。空間的運動會造成時間的變化，不同的相對運動會引起對同一事件的不同描述。

狹義相對論在教導世人，一切現象均無實體性，相同的事件在不一樣的系統會呈現出不一樣的相。

今天我們在這裡看到自然界的各種現象，也是在本身所處這個三度空間系統的運動下，所呈現出來的相而被我們所看到的。如何悟透一切現象都是假相幻化，知道事物皆隨著時間和空間而變化？此乃「空」的頓悟，此乃大乘佛教的教義所在，也是狹義相對論的思想精華。

空間和時間都是人間相，我們不必迷戀於事物的外表，也不必悲歎於時間的短暫和流逝，正猶如我們不必害怕於牆壁上鬼魅或貓狗的影子，因爲這些都是幻相。我們所要警惕的是，我們能否找到產生這些幻相的本體。

愛因斯坦和我們一樣，生活在這三度空間的幻相中，當大家沈迷於空間與時間的幻相中時，他當頭棒喝，告訴我們時間和空間的本質。在破除時空的幻相這點上，佛陀和愛因斯坦是沒有兩樣，有差別的只是工具使用上的不同，佛陀慣用生活上的譬喻，而愛因斯坦則慣用數學方程式。

懂一點高中數學的讀者可進一步參閱書末附錄A的說明，當可以更了解，爲什麼基於愛因斯坦光速不變的假設下，就可以得到時間是相對而不是絕對的道理。

在下圖中，我們說明原長5公分的線段，在不同的觀察者來看，卻變成了4.33公分，2.18公分，和0.7公分。這些不同的長度代表四度空間的實相在三度空間的投影。觀察的角度不同，自然投影的長度也不同。請參考圖中說明。

三度空間的距離只是投影

平方相加開根號的距離公式，只能量到四度空間的物體在三度空間的投影長。由於觀察者看的角度不同，自然所量到的投影長度也不同。

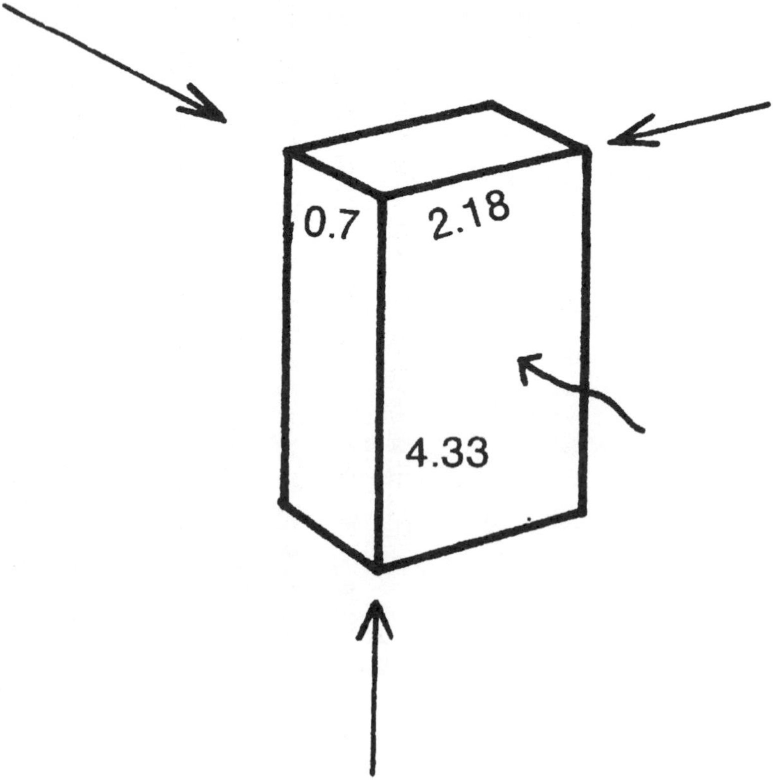

投影量僅爲幻相，不足以代表四度空間的眞實大小。

佛理中的時空結構

讀者中有些是念文法商，有些是學理工的，不管大家的知識背景如何，都具有一些時間的量度觀念和空間的量度觀念，這些觀念是根深蒂固，大家習以爲常的。但是你知道嗎，根據相對論的證實，你在火車上吃便當，一個便當盒在火車上量，其長度是A公分；而火車外面的觀察者，所看到的你手中的便當盒則長B公分；若從衛星上，來看你手中的便當盒，那麼可能爲C公分。奇異的是，A，B，C全都不一樣，你一定會感到奇怪，爲什麼同一個便當盒，會有那麼多種不同的長度？（假設所用的尺完全相同）這和我們所學的觀念是不是有點矛盾呢？

其實不管是火車上的你，或是衛星上的太空人，所看到的都不是眞正的便當盒大小，其實也沒所謂的「眞正的便當盒大小」。愛因斯坦認爲便當盒的大小決定於你的運動狀態！如果你和便當盒一起在火車中，那你所量到的便當盒長度，是所有可能的長度中最長的；如果你是從衛星上來量火車內的便當盒長度，那麼長度會較短。如果你和便當盒的相對速度越大，那麼你所量到的便當盒長度將越來越短；如果你乘坐光速的火箭來看火車內的便當，那你將發現便當盒小到消失了。

其實不僅是便當盒，世間內的任何物體，都沒有恆定的大小和恆定的存在，這就是佛陀經常提到的人間幻相。不僅是空間的大小沒有恆定，連時間的快慢也沒有恆定。

你在火車內吃一個便當，假設費時15分鐘整，但在地面上的觀察者以及在衛星上的觀察者，所量到的你吃完一個便當盒的時間，都不會是剛好15分鐘整。所以說時間也是一種幻相。一個事件歷時多久，從人間看，與從天上看，兩者的差別有時會很大。

人從出生，歷盡滄桑數十年，而後老死，在人間看來也許歷經百年，但從天上來看，只過了一天。所謂「天上一日，人間百年」，就是在講時間的相對性、時間的幻相。

狹義相對論不僅在教世人認清空性的本質，它還教世人如何得見如來眞面目。正如金剛經所言：「若見諸相非相，則見如來」，如何揭穿三度空間的假相，而看清宇宙的如如本體，是狹義相對論和廣義相對論最偉大的貢獻。

在相對論中的四度空間，不是單純的三度空間軸加一度時間軸所形成的四度空間。單獨的空間和單獨的時間在相對論中是沒有意義的。因爲空間會影響時間，如上附錄A中所述的光子運動，而時間反過來也會影響空間。在四個軸中已分不出那一個是時間軸，那三個是空間軸，而是時間和空間全混在一起，形成不可分割的一個四度空間的整體。

更精確地講，時空四度空間是一個四維的非歐氏幾何空間，時間充其量只是描述靜態空間幾何的一個變數，而且，並沒有特殊的意義。在四度的宇宙世界中，某些地方其空間比較平滑，此變數就少變化；而在空間彎曲程度很大的地方，此變數就變化很大。因此在三度空間中的人們就會感覺到某些地方時間的進行很慢，而某些地方時間的進行卻很快。

在時空彎曲很大的地方，短短的一秒，可能是其他地方的幾萬年。前面所述是時間會隨不同的空間點而改變，而空間的疏密度對時間的變化也是處處不同的，某些地方雖然只是短短幾秒的時間差，而在空間上的差距可能是上萬光年了。這些就是相對的時空觀，就是宇宙的眞實面貌；但它畢竟和三度空間裏的假相（即絕對時空觀）完全不一樣。紅塵大眾還是沈溺於他們所可以實實在在感知的絕對時空裡，探訪宇宙眞實面貌，現在似乎還是物理學家、宗教家和哲學家的專利。

研究相對論的學者若沒有相對時空的概念，也許他看得懂相對論所用的數學，但他仍不易了解相對論所要闡述的義理；同理，參禪拜佛的眾男信女，苦不稍微具備一點相對論的時空觀，也很難去了解佛理。

例如佛經裡，尤其是楞嚴經、法華經和阿含經，經常提到「三千阿僧祇劫，不異剎那」的觀念。如楞嚴經所云：

於一毫端，現十方剎；坐微塵裏，轉大法輪。

也許一般佛信徒看到這段文字，僅把它當成神聖的教義，拿來膜拜敬誦，但這段文字是明明顯顯地表達了相對時空的理念：於一毫端這麼小的距離內，可以看到數萬光年的空間（十力剎，可將剎表成光年的單位）；而在小小的塵粒裏，可以窺見無數代生命的輪迴。前面一句話說明空間的相對性，而後一句話說明時間的相對性。一個固守絕對時空觀念的人，如何能接受這樣強烈的時空變化，不把它當成異端邪說才怪！

如前所述，相對論是時空定量的描述，而佛經則是相對論定性的描述，兩者是一體的兩面。看懂相對論，了解其內涵的人，對於佛理縱然以前不曾接觸，也會如遇故知，自然心領神會；而深研佛理的高僧大德，若能懂一點張量微分幾何（tensor differential geometry）即便是理論物理界，相對論的專家了。

由以上的分析知空間的距離和時間的間距都無法足以描述時空中二點的距離，所謂時空的距離應只取決於二事件間的相對關係，和所採用的座標系統無關。而如前所述，傳統的距離量度和時間量度，都會隨著觀察者所在系統的不同而不同。

時間和距離就是佛經中所謂的相，相是三度空間中實實在在可量到可看到的東西，但這個東西卻不是眞實的，是虛幻的；不是永恆的，而是隨意變化的。在不一樣的系統中會看到不一樣的相，所以此相眞是千變萬化。世間人若著於相，而認定此才是主體，那他們就沒有機會看到或認識到何者才是二個事件在四度時空中的眞實距離了。因此金剛經提到：

菩薩應離一切相，不應住聲香味觸法生心，應無所住而生其心。

其主要的思想是要吾人不要憑藉五官的感覺來主宰控制個人的心性行爲，唯有離開一切虛幻假相才能看清事實的眞象。那事實的眞象是什麼呢？以現在所討論的主題而言，即何者才是二事件在四度時空中的眞實距離？而且此距離是如如不動的，不管以何種座標系統來描述，此距離恆不變。愛因斯坦找到了這問題的答案，他認爲四度時空的距離應同時包含空間的距離和時間的距離。對於四度時空有興趣的讀者可以參閱附錄B

①四度時間的距離

・三度空間的距離：

$$\sqrt{\triangle x^2+\triangle y^2+\triangle z^2}$$

・三度空間的時間差：

$$\triangle t=|t_2-t_1|$$

兩者所量到的，都只是四度時空在三度空間的投影量，猶如瞎子摸象一樣，無法見到四度時空的實體面貌。

金剛經：

「見（相）非相，則見（如來）」

相 → 投影

如來 → 無所從來，亦無所去，即原來的實體

當世人都被時間和空間的相所迷惑時，愛因斯坦卻能見相非相，而提出描述四度空間實體（如來）的公式：

四度時空的距離

$$=\sqrt{\underbrace{\triangle x^2+\triangle y^2+\triangle z^2}_{相}-c^2\underbrace{\triangle t}_{相}}=實體$$

其中 C 表光速。

※四度時空的距離是不變量，不因觀察者的運動狀態，而有所改變。

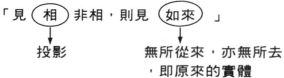

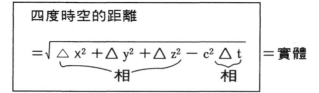

②時空距離的眞相

四度時空的距離公式

$=\sqrt{\triangle x^2+\triangle y^2+\triangle z^2-c^2\triangle t^2}$

舉例說明：

①距離太陽最近的恆星是半人馬座的α星C。距離太陽是4.3光年。因此α星C和太陽系的距離是：

・空間距離 $=\sqrt{\triangle x^2+\triangle y^2+\triangle z^2}=4.3$

・時間距離 $=\triangle t=0$

因此四度時空的距離

$=\sqrt{4.3^2-C^2\cdot 0}=4.3$ 光年

這代表太陽系和「現在」的α星C的時空距。

②「現在」的太陽系和「三年前」的α星C

・空間距離≒4.3光年

・時間距離＝3年

四度時空距離 $=\sqrt{4.3^2-3^2}=3.1$ 光年

③「現在」的太陽系和「4.3年前」的α星C

・空間距離≒4.3光年

・時間距離＝4.3年

四度時空距離 $=\sqrt{4.3^2-4.3^2}=0$

現在的太陽系和4.3年前的α星C是在四度時空上的同一點，如果我們懂得進入四度時空的方法，則將可在瞬間到達4.3年前的α星C。

的進一步分析，其實讀者可以發現，用一點高中數學的觀念就可以了解相對論的主要精神了。

在上圖①中列出了四度時空之下的距離公式，通常在三度空間之下，我們總認爲空間的距離和時間是互不相干的，然而從四度空間看來，時間也會造成空間的距離。在上圖②中，我們舉了一個例子說明四度時空的距離觀念。半人馬星座的 α 星C是距太陽最近的恆星，在三度空間之下，這顆星距離太陽四·三光年。但是如果我們把時間考慮在內，則根據上圖2的計算結果發現，太陽和四·三年前的 α 星C在四度時空上是相重疊的，也就是說太陽和四·三年前的 α 星C的時空距離是零。根據這個結果，雖然 α 星C距離太陽四·三光年（用目前的火箭大概要飛一萬三千四百八十三年），但是如果我們找到進入四度時空的方法，則可以在一瞬間到達四·三年前的半人馬星座的 α 星C。

愛因斯坦利用三度空間的假相：時間和距離，拼湊出四度時空的眞相，這一過程，給我們很大的啓示：

雖然吾人是處在充滿幻相的世界，但根據某些法則，

吾人可以從幻相中粹取永恆的眞理。

這個重要的啓示，其實在金剛經中早有記錄：

若見諸相非相，則見如來。

就是說若能從千萬種相中，看出不是相的成份，則能見宇宙本來之面目。這樣的說法，不就是吾人前面所提及的「由相中粹取眞理」的觀念嗎！

各位讀者也許都有這樣的經驗，在一個房間中，關掉電燈，點上一支蠟燭，然後在蠟燭前，擺出各種不同的手勢，這時我們可以在牆壁上造出各種唯妙唯肖的動物來，有時候小朋友看了，還會信以爲眞。投影到牆壁上的動物稱爲「相」，相可以千變萬化，但千萬種相卻來自同一個本體——我們的手。

牆壁上的相是平面的，是來自三度空間的手的姿勢。我們所處的人世，也是一種相，這種相是三度的，是來自更高度空間的投影，就猶如三度空間的手，投影在二度空間的牆壁，道理是相同的。世間的任何事物都有成、住、壞、空的階段，人從出生到死亡，會經歷悲歡離合、喜怒哀樂、生老病死等各種不同的相。但我們有否明瞭，這些相是來自於何本體？

當我們看到牆壁上、忽而狗、忽而貓的影子時，我們都會不自覺地四處搜尋，找出這些影子的本體——可能是某個人的手。但是聰明的讀者們，當我們經歷過各種喜怒哀樂的人間相後，我們之中有幾個人，會去探索這些人間相是來自於何本體呢？

色即是空，空即是色——質能互換

眞空具有產生物質的能力

這是實驗物理學家最近發現有關眞空的新性質。現代的巨大加速器能將極高能量集中於眞空中的某一點，結果在眞空中的這一點會產生成對的粒子和反粒子。更意外的是，如果眞空的扭曲程度夠大，沒有能量加入也會自然產生粒子和反粒子。如在眞空中放置一個如鈾原子大小的巨大原子核，其周圍的眞空會因強大的電場產生扭曲而成爲不穩定狀態，接著產生電子和正電子後崩潰。因此吾人所了解的眞空並非完全虛無，一旦獲得能量就會生出物質成爲實質狀態。

心經的這段話「色即是空，空即是色」直譯就是說：有形的物質會變成空間的狀態，而空間卻會產生有形的物質。此觀念和相對論中的質能互換原理如出一轍。

所以佛經提到「色即是空，空即是色」，實在蘊含了太深的哲理。物質和空間是完全一樣的事物，物質可以完全轉換成能量，儲藏於空間中，而消失於無形；同樣的，空間中瀰漫的能量經過聚集後，也會形成物質。當然這是相對論出現後，我們才認識到「色即是空，空即是色」有這麼更深一層的意念。當然對於那些已悟透禪機的人而言，他們是不需要相對論來爲他們做驗證的工作；不過如果要他們回答一毫克的有形質量相當於多少焦耳的空間能量時，這些佛教界的高僧大德，雖知其中的義理，卻不見得能導出像相對論的計算公式。其實這就是西方科學和東方宗教哲學不一樣的地方，前者是對自然做定量的描述，而後者則是定性的描述。

吾人可以說佛經就是相對論的定性分析，而且早在二千多年前，這樣的思想已經存在了。而將其定量化的工作卻經歷了二千多年，文明科技的演化，才在20世紀初期由愛因斯坦完成。這樣說來，是不是研究相對論的人都能悟透禪機，了脫生死大事呢？這也不盡然，只能說他們比其他人擁有更好的機緣去了解宇宙的眞象、人世間的道理，但若不能把握這個因緣，大概也只能等到老死時，再來感歎世事繁華總成空，或者是：

夏草繁茂，兵將雄風，皆如夢痕。

——日本詩聖，芭蕉

相對論的數學，只要有興趣肯學，人人可懂，但相對論的禪機，卻非人人得而參悟。若你已了解悟透相對論的精神義理，不習其數學又何妨？那只是工具罷了。除非你是科學工作者，要更推廣相對論的定理，這時你不僅要悟透禪機，更需有很好的張量微分幾何的基礎。

大家在看科幻電影時，經常會看到這樣的情節：

當星艦上的太空人要到某一星球表面上探勘時，他們通常會站在一圓柱型的玻璃罩內，啓動開關後，玻璃罩內的人化成無數的小亮點，然後整個人就消失不見了。接著畫面移到星球表面上的某處，剛才在玻璃罩內的太空人又突然瞬間出現。其實這類鏡頭所要表現的就是質能互換的未來科技。

根據質能互換的原理，要移動物體到任何地方，幾乎瞬間即可完成。其步驟是：

①將物體分解到光粒子的基本單位。

②光粒子再以光的速度傳播到物體所要到達的地方。

③最後再由光粒子逐級地組成夸克，夸克再組成中子、質子，然後形成原子、分子，最後恢復到最先的物體。

目前人類對於質能互換的技術還不能完全掌握。原子彈或中子彈的原理是將質量轉化成爆炸的能量，但目前還不清楚如何將爆炸的能量回收成質量的型式。

愛因斯坦最有名的一個公式就是大家都可以朗朗上口的：

$$E=MC^2$$

其中的E就是能量，M是質量，C^2是光速的平方，其大小約爲9×10^{16}。這個式子很清楚地表達了能量與質量間之相等關係。由於C^2太大了，只要有一點點質量的變化，就可以釋放出巨大無比的能量。

例如一千億分之一公斤的物質，經過質能互換後，可產生9千萬焦耳的巨大能量。不過像這麼巨大的能量一旦釋放出來後，目前是無法加以回收的。那些核子武器的危險性也就在於此。

不過目前確有質能互換的實例。中國大陸的氣功師曾在大眾傳播媒體之前，展現隔杯取物的功力。其表演是將某一物體放入一密閉的玻璃罐內，罐口再做多次的密封處理，但是大眾仍然可以清楚看到罐內的物體。然後氣功師施展氣功的力量，在眾目的注視之下，物體從透明的杯內移到氣功師的手中。雖然氣功現象的科學解釋還不完全清楚，但「隔杯取物」的功力至少需包含下列三要素：

①將物體分解成不佔體積的光子能量團。

②光子能量穿透過玻璃罩到達氣功師的手中。

③光子能量回收，重組成原先的物體，出現在氣功師的手中。

這三步驟和前面所提之質能互換三步驟基本上是一樣的。其實，隔杯取物和科幻情節中的將太空人傳送到星球上，具有異曲同工之妙。只不過氣功師可以傳送的物體較小罷了！

這種氣功的表演在大陸已很普遍，大家早已司空見慣，見怪不怪了。但從科學分析的觀點加以探討，「隔杯取物」的現象乃是科學界空前的偉大實驗。雖歐美先進國家的實驗設備與實驗能力是一流的，但在他們「一流」的實驗室內，是絕對做不出「隔杯取物」實驗的。

中國氣功師藉由佛、道、禪的修練法門，學會以意識的力量改變物質的成份，甚而去移動物質，此乃愛因斯坦相對論所述之質能互換原理之完美實證。但話說回來，「隔杯取物」的能力雖是驚人，但卻無法爲中國贏得另一個諾貝爾獎，因爲西方科學家把「隔杯取物」定位在東方神秘現象之一種，而非定位在正統的物理科學實驗上。一項有目共睹的事實卻被以神秘把戲來看待，任誰都會感到不平的。

這其中的關鍵就在於宗教在中國，精神信仰的功能遠大於揭發眞理的功能，一些隱藏在宗教背後的宇宙眞理常被忽略掉了。中國人自己都把傳統宗教視爲純粹的精神信仰，我們又何能希冀西方人士把中國的修道法門視爲揭發宇宙眞理的科學實驗呢？諾貝爾獎不能頒給中國的氣功師是可以理解的。

佛、道、儒、禪各宗教法門除了用以提昇我們的精神層次，鍛鍊我們的身心外，能否爲目前的科學界指點迷津呢？可以的！「隔杯取物」的氣功展現，正足以啓發科學界的新紀元。我們知道愛因斯坦雖然驗證了質能互換的可行性，但他並不知道如何才能造成質能互換。中國的氣功師卻知道利用意識的力量而達到質能互換的效果。意識似乎是促進質能轉換的關鍵媒介。

實際上，意識、物質、能量是一體的三個面，我們可以這麼說：

意識‖物質‖能量

這個道理就好像

水‖水蒸氣‖冰

是一樣的道理。水蒸發變成水蒸氣，水凝結又變成冰，三者的外在表現不一樣，但其內在特質是完全一樣的。如果和道家修煉法中之精、氣、神做一個比較，我們可有如下的對照關係：

精↔物質
氣↔能量
神↔意識（或靈識，心）

道家修煉的三個程序，實際上就是物質、能量、意識三者間之互相轉換：

煉精化氣→將物質轉換成能量
煉氣化神→將能量轉換成意識
煉神還虛→將意識溶入天地宇宙間

這修煉的三個階段，還可以更具體地用物質三態的加熱過程加以比擬：

煉精化氣→將冰加熱化成水
煉氣化神→將水加熱化成水蒸氣，
煉神還虛→水蒸氣加熱使之溶入大氣太空之中。

所以一個氣功師具有「隔杯取物」的超能力時，其修煉的境界至少要達煉氣化神的階段，如此物質、能量、意識三者間才能轉化自如。

愛因斯坦的相對論只論到物質和能量間之轉換，和道家修煉的過程比起來，只停留在煉精化氣的第一個階段。因此愛因斯坦的道行實在是算淺的。不過道行淺雖淺，人家可是全世界公認20世紀最偉大的科學家。我們道家修煉的境界很高，但卻無法像相對論一般造成全球性的影響。其主要原因在於道家修煉法門師徒相傳，各門各派作法均有差異，沒有統一的文字、符號可資遵循，其影響範圍僅限於同一師門之內；相反地，相對論所採用的符號運算是全世界所通用的，相對論所述說的眞理透過現代科學符號的包裝，讓全世界人類得以由學習而了解眞理。這樣說來，相對論其實更接近普渡眾生的境界，因爲它的影響不僅止於同一師門、同一國家，而是全世界人類。

科學不是本體，科學只是宗教的方便法門。如何利用科學的符號、科學的運算邏輯，以及科學的普遍性，將中國傳統的儒、道、佛、禪等宗教思想，加以有系統、有組織的包裝整理，是今後全中國的科學界和宗教界所要努力的目標。今天我們拿科學去表達宗教，不是要以科學去取代宗教，而是透過科學這全世界通用的語言，將中國傳統的宗教哲理，傳達給全世界的人類，這不僅讓中國宗教修行的智慧分享於全世界的人類，更有助於提振中國長久以來科技文明的落後。

相對論將物質轉換成能量（煉精化氣）的程序，加以學理化、公式化；中國科學界目前立即可以做的一件事情就是把能量轉換成意識（煉氣化神）以及意識溶入天地宇宙間（煉神還虛），這二個修道階段加以學理化、公式化。那麼有關於全世界各地的神秘現象都將眞相大白。

我們知道水不見得要以單獨的液相、固相、或氣相出現，也可以冰和水共存，或水和水蒸氣共存。有些物質甚至可以固相、液相、氣相共存。同樣的道理，前面我們提到精、氣、神與物質、能量、意識之對應，也不是指精完全就是物質、氣完全就是單一的能量，而神完全是意識。更精確地講，精、氣、神的每一個都具有物質，能量及意識的成份，只是精中，物質的成份最強；氣中，能量的成份最強；神中，意識的成份最強。我們可以把道家三個修煉程序，用下列之圖形加以表達（下圖上）。

這三個程序可說是靈識的淨化過程，到達煉神還虛的階段時，人體已修煉成無形的純陽靈識體。

相對論中所述之質能互換，相當於煉精化氣的第一階段，其可以用量化的圖形表示如下（下圖下）。

若設反應前後（修煉前後），質量（精）分別爲M_1、M_2；反應前後，能量（氣）分別爲E_1，E_2，則相對論之質能互換可寫成：

・正反應：質換能（精化氣）

E_2減E_1＝（M_1減M_2）乘以C^2

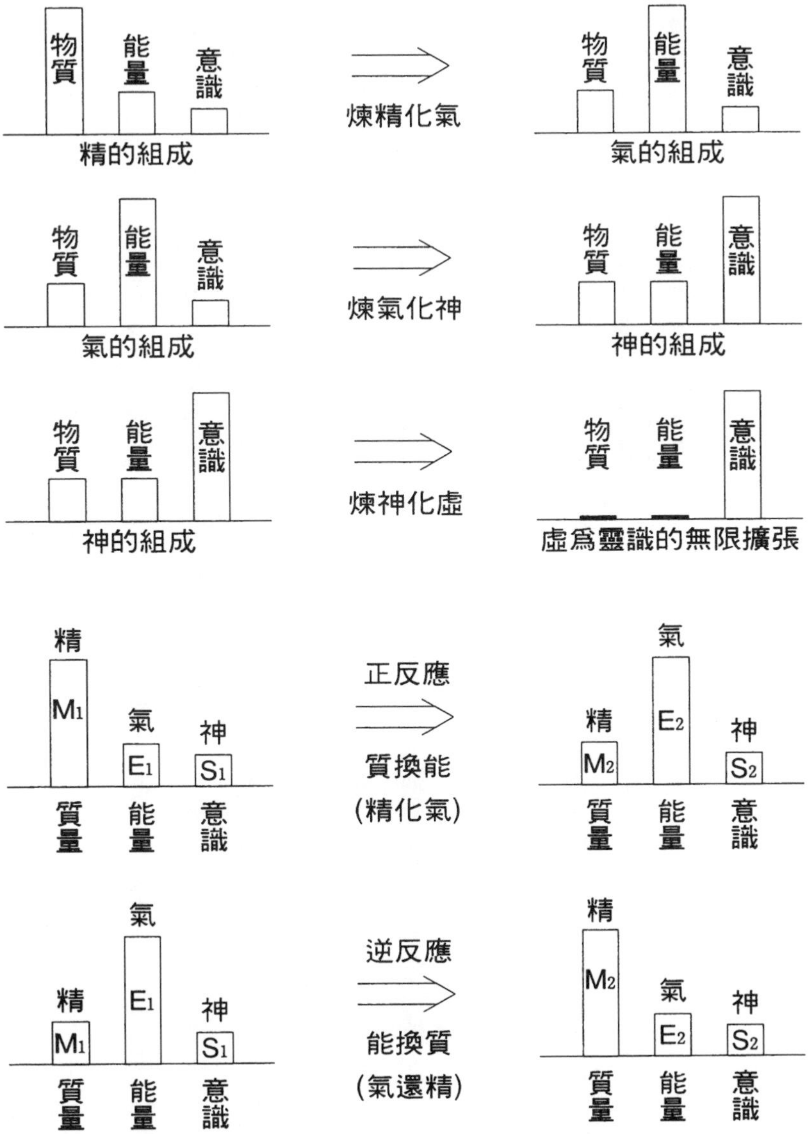
物質
能量
意識
精的組成
煉精化氣
物質
能量
意識
氣的組成
物質
能量
意識
氣的組成
煉氣化神
物質
能量
意識
神的組成
物質
能量
意識
神的組成
煉神化虛
物質
能量
意識
虛爲靈識的無限擴張
精
M1
氣
E1
神
S1
質量
能量
意識
正反應
質換能
(精化氣)
氣
精
E2
神
M2
S2
質量
能量
意識
氣
精
E1
神
M1
S1
質量
能量
意識
逆反應
能換質
(氣還精)
精
M2
氣
神
E2
S2
質量
能量
意識

・逆反應：能換質（氣還精）

E_1減E_2＝（M_2減M_1）乘以C^2

如果將質換能（精化氣）比擬成是氣化的過程，那麼能換質（氣還精）就對應於凝結的過程。質換能在科學上的應用，是利用核子分裂時，由於總質量的減少，這減少的質量就是轉換成核子武器爆炸時的能量；關於能換質的逆反應，科學界所知較少，僅知在完全眞空的空間中，施以極高伏特的電能，會產生正、負粒子出來。不過能換質（氣還精）的過程，在中國仙道傳奇中倒有不少記載。例如仙道傳奇中就記載著不少關於狐狸、蛇、古樹，如何吸收天地日月之正「氣」，而修煉成狐狸「精」，蛇「精」，樹「精」之傳說。這些都是屬於煉氣還精的例子。

正猶如二十世紀初，邁克耳遜——莫雷的以太實驗（文獻2），激發了愛因斯坦的靈感，而創造了開二十世紀先河的相對論。我們有足夠的理由相信，「隔杯取物」的氣功實驗正足以激發中國科學家的靈感，而創造開二十一世紀先河的超相對論學說，揭開隱藏在高度時空後面的宇宙神秘現象。

萬有引力其實不是力—天足通

相對論一直是在做著「破除幻相」的工作，從狹義到廣義一直都是如此。在狹義理論的討論中，吾人指出兩個以均勻相對速度移動的觀察者在觀點和實際的測量上，都不能夠一致；但他們卻能夠同樣準確和同樣成功的將同樣的自然定律，以同樣的數學式描述出來。不同的觀察者唯一能夠取得一致的，就是在於一些宇宙的事實上；這些宇宙的事實稱爲不變量。相對論的目的就是在於求得這些不變量。

以下吾人開始討論廣義相對論，其主題是重力的效應。吾人發現重力是一種幻相，不同的觀察者會量到不一樣的重力。如戰鬥機的駕駛員感覺經常受到好幾個G的重力作用；在衛星軌道上的太空人感覺不受重力的作用。因此不一樣的觀察者，看到不一樣的重力幻相，亦即重力不是宇宙的不變量，那重力所對應的宇宙不變量是何呢？廣義相對論就在回答這個問題，它的答案是——

造成重力這種相的主體是空間的彎曲，
空間的彎曲才是宇宙不變的眞理。

愛因斯坦解決問題的第一步是將重力這個相化成等效的另一種相。

在一個遠離任何星體的太空中，有一個箱子，裏面有一位Y先生。箱子沒有受到任何重力，而且其本身正以 $9.8m/sec^2$ 的加速度向上運動，當然這一切，在箱子內的Y先生並不知道。現在Y先生要做一個實驗用來測定他所在的重力場強度有多大。因此他手拿一個球，在某一瞬間他把手鬆開，結果發現球掉落在地面上。所以他認定他所處的空間受有重力場的作用，而且他利用紙帶記錄自由落體下落的位置，求得該地重力加速度爲 $9.8m/sec^2$。

Y先生的實驗是正確的，他忠實地記錄了在箱內所看到的事件。但在箱外的觀察者，一定會認爲Y先生的想法很可笑，因箱子根本不受到重力，而只是箱子本身有一 $9.8m/sec^2$ 大小的向上加速度，當球脫離手面後，

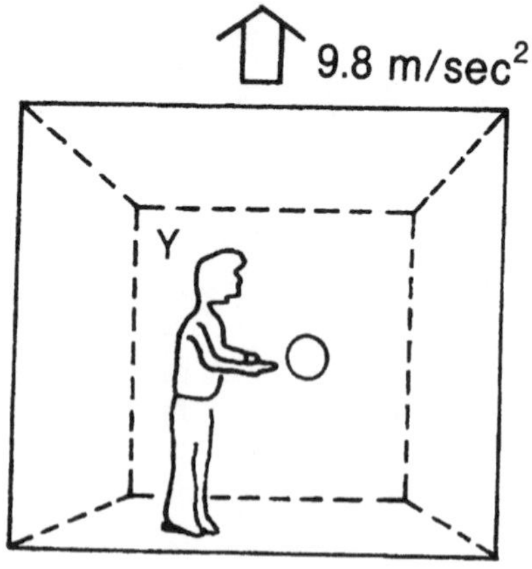

在外太空中的
自由落體實驗

是以等速向上運動，而箱底的速度卻不斷在增加，因此很快就追上球。最後這句話很重要，對箱外的觀察者而言，是箱底追到球；而對Y先生而言，是球掉落在箱底。

很明顯的，Y先生所感受到的重力只是一種幻相。我們一定會想Y先生爲何要執著於虛幻之相，而執迷不悟呢？我們先別取笑Y先生，因爲我們就是Y先生！

箱子就是地球。Y先生就是居住在地球上的人類，當人類看到樹上的東西掉落在地面上時，一定是想到地球一定是有什麼力量在吸引著樹上的東西（尤其是牛頓），絕不會想到是樹上的東西不動，而是地面跑來撞它的（除了愛因斯坦）。

牛頓定律是正確的，因它忠實描述了人類所見到的相，愛因斯坦也看到了相，但他已達「見相非相」的境界，他能跳出箱外來看世界。

愛因斯坦建立了重力與加速度間之等效關係，然後透過彎曲空間所產生的對應加速度效應，他成功地將重力（萬有引力）現象用靜態的空間扭曲程度加以描述。

在三度空間中可以看到一個平面被扭曲成曲面的外形；同理，只有在四度空間中，才能見到三度空間被扭曲後的外形。一個平坦的空間不會產生重力，而空間扭曲的愈厲害，其重力愈強。從目擊者對幽浮所拍下的影片顯示，幽浮的運動完全不受地心引力的影響，此說明幽浮具有改變空間扭曲程度的能力。在地表附近的空間，應具有某些程度的扭曲度，才能造成我們所熟知的地心引力；幽浮在地表附近運動時，原本應受到地心引力的影響，但若其將原扭曲的空間加以平坦化後，則地心引力不復存在。

科學界有人在研究發明反重力裝置的可行性，其關鍵技術就在於如何操控空間之扭曲程度。空間之扭曲程度，對於我們居住在三度空間的人類而言，是很抽象的東西，因爲在三度空間內的人是無法感受到空間本身的彎曲。

某些星球離地球非常地遙遠，這遙遠的概念純粹是來自三度空間的感覺，從四度或更高度的空間來看，幾萬光年外的星球，可以瞬間即至。我們可以舉一個例子說明「遠在天邊，近在咫尺」的空間扭曲概念。考慮如圖示的一根鐵線，現有一隻螞蟻想要從A點到達C點。由於螞蟻是平面型（二度空間）的動物，牠只能乖乖地從A慢慢爬經B，再到C。

如果A、C之間有一公里遠，對螞蟻而言，眞是非常遙遠的，牠們要花很久的時間才能到達目的地。如何才能使螞蟻很快地從A到C呢？這可以由三個層次加以說明：

第一個層次，螞蟻改進其爬行速度，以縮短運動時間。不過這可能需要幾萬年的演

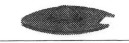

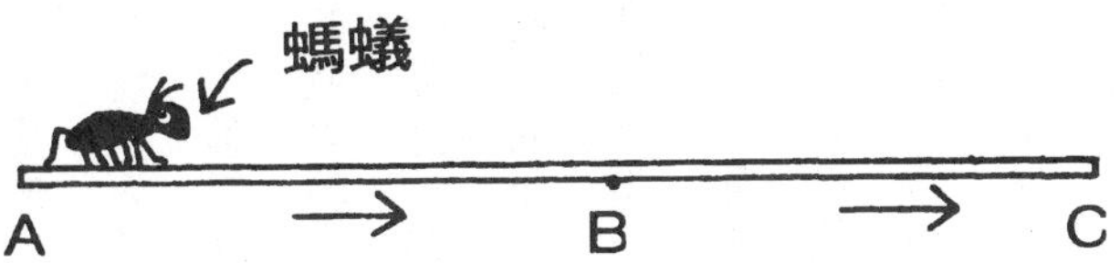

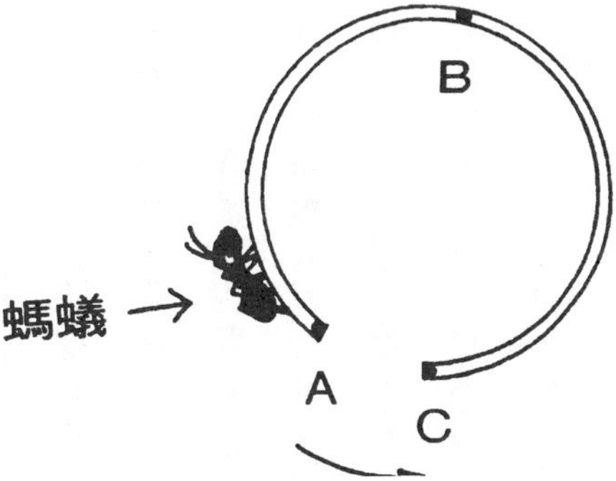

化，才能使螞蟻的速度增快一倍或二倍。

第二個層次，某些突變的螞蟻，學會飛，飛的速度一定比爬的速度快多了，因此在比較短的時間內即可到達。但是以螞蟻的大小，其飛的速度有一定的極限，若Ａ，Ｃ之間長達數千公里，則螞蟻縱使是用飛的，也很難在其有生之年到達目的地。

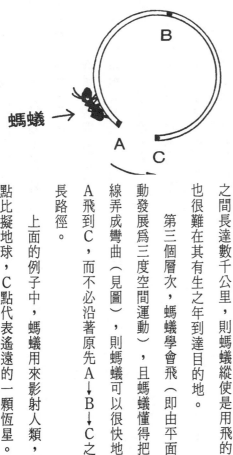

第三個層次，螞蟻學會飛（即由平面運動發展爲三度空間運動），且螞蟻懂得把鐵線弄成彎曲（見圖），則螞蟻可以很快地從Ａ飛到Ｃ，而不必沿著原先Ａ→Ｂ→Ｃ之漫長路徑。

上面的例子中，螞蟻用來影射人類，Ａ點比擬地球，Ｃ點代表遙遠的一顆恆星。Ａ→Ｂ→Ｃ爲一條三度空間的路徑（可能有數萬光年遠）。人類爲了到達目的地C，所經歷的科技文明，亦可分成下列幾個層次：

第一個層次，人類學會飛行的技術（相當於螞蟻學會爬），而且飛行技術逐漸改良，使飛行所需時間減少（相當於螞蟻爬得越來越快）。但人類學會飛行，需要花費自有現代人類以來，數萬年的文明演進。

第二個層次，人類學會進入四度空間的方法。這好像螞蟻會飛以後，其超越障礙物的能力將大爲提昇。例如距離只有一公分的二張桌子，螞蟻發現了另一張桌面上有好吃的食物，如果螞蟻會飛，則可以直接飛過一公分寬的懸崖（對螞蟻而言），立即取得食物，而不必沿著桌腳爬到地面後，到達另一張桌子的桌腳，再沿著桌腳到達桌面而取得食物。但要注意的是螞蟻縱使會飛，也無法去改變桌面之間的距離，如果桌面距離 100 公尺，牠們仍然要飛過 100 公尺，才能到達目的地。

同樣的道理，人類能進出四度空間，帶來的方便就是能跨越二個相距很近的三度空間（對螞蟻而言，就是二個桌面），而只要很短的時間即可。能進入四度空間，只是說明人類找到了捷徑，不必繞遠路就可以到達另一個三度空間；但是若另一個三度空間的時空距離相對於現在的三度空間很遠時，仍然須要很長的時間才能到達（猶如二個相距很遠的桌面，螞蟻縱使會飛，也要飛很久）。

第三個層次，人類可以進出四度空間，並且有能力造成時空的彎曲。這時候距離遙遠的二顆恆星，可以透過彼此間之空間扭曲，而使得二個恆星間之四度時空距離變得很小，於是當人類進入四度空間時，會發現這二顆恆星眞的是近在咫尺，利用四度時空飛行技術，便可以很快地從一星球到達另一星球。要注意的是，空間的扭曲是無法從三度空間中看到的，因此若將空間扭曲以縮短二個星球間之時空距離，但人類若不能進入四度時空，則仍無法感受到距離的縮短。這正猶如螞蟻要從鐵線的一端到達另一端，若螞蟻無法飛，只是將鐵線加以彎曲時，雖然二端點的距離拉近了，但螞蟻爬行的長度和未彎曲前的長度是一樣的，因此所花費的時間並未因此而減小。

幽浮能瞬間出現，瞬間消失。顯示外星人必定具有進入四度空間的能力。當幽浮進入四度時空的霎那，就是我們看見幽浮消失的瞬間；而幽浮離開四度時空的霎那，就是我們看見幽浮出現的瞬間。幽浮除了具有進出四度時空的能力外，幽浮也必具有扭曲時空的能力，使得外星人所居住的星球，雖然從三度空間內看來距離地球有數萬光年遠，但從四度空間觀之，則只有月球到地球間之距離。因爲幽浮只需要很短的時間便可以從他們的星球到達地球來。

在佛陀的眾弟子中，目犍連號稱神通第一。他可以在霎那之間，從一個星球到達另一個星球。顯示目犍連具有進出四度時空、並扭曲時空的能力。但目犍連發現，不管他以多快的速度進出不同層次的空間時，佛陀必早他一步到達，並向該星球的眾生講經說法。其實佛陀並未在移動，佛陀也不是比目犍連早一步到達，而似乎是佛陀可以「同時」出現在無數個星球上爲眾生說法。

佛陀所在的空間維度必遠在目犍連之上，並遠在眾生之上。三度空間上的眾生所認知的遙遠距離在四度空間的眾生看來只不過是毫髮之隔；四度空間眾生所認知的遙遠距離，在五度空間的眾生看來亦只是近在咫尺；在有限維度空間內之距離，在佛陀的眼中都已消失，所有大千世界中不同層次、不同維度的空間，在佛陀的眼中都融合於一粒沙中，沒有距離，也沒有時間的差別。

參考文獻

1.「般若心經」，智揚出版社。

2.「狹義相對論基礎」，劉佑昌著，亞東書局。

第2章

破譯飛碟超能力

本章概要

隨著科技的進展，人類將逐漸懂到時間與空間的轉換，可以在很短的時間內回溯歷史並進入未來；可以在瞬間離開某一星球，瞬間到達另一星球。就像現在我們所看到的幽浮現象一般，而其中的關鍵就隱藏在愛因斯坦的相對論之中。這一章我們將通俗地介紹相對論時空效應，且讓我們乘著相對論的翅膀，來一趟橫跨大宇宙的星際之旅。

佛教中的神通超能力將隨著人類對高度時空的了解而一一被實現，人與天的距離正逐步接近中。透過時空轉換，將來的人類一打開電視就可以和幾千年前的祖先面對面交談，一打開傳真機就可以和天上的仙佛溝通訊息，這才是天人大同，人間即天堂的終極世界。

有關幽浮、外星人的研究

人類生存的空間越來越擁擠，生活環境品質一天比一天惡劣，尤其生活在台灣的人們，對於人滿爲患、車滿爲患所造成的諸多不便與困擾應該感觸非常深刻。高速公路上每到假期時停滯不前的車陣長龍，遊樂區，上山下海處處是黑壓壓的人群，造成人與人之間關係的緊張與摩擦壓力的提高，糾紛與爭吵隨時都一觸即發。

處在這樣一個擁塞緊張的生活環境裡，聽聽來自地球外面訪客的故事，確實能帶給人們桃花源世界的一點溫馨。也許並沒有人眞正到過桃花源，但桃花源境界所帶給人們的遐思與期盼，使得每一個人或多或少寧願相信桃花源是確實存在的。

人們對於外星人、飛碟、幽浮、星外訪客等之期盼也是相同的道理。先不管目前科學界對幽浮存在的各種正反意見如何，有誰會去刻意阻撓星外訪客這類假設（或事實）的存在呢？若眞有外星人的存在，將確定人類在宇宙中並不孤獨，或許還有可能加入星系社會，使地球人成爲眞正的宇宙人。這是全體人類的夢想，若還眞的有那麼一點蛛絲馬跡顯示外星生命是有可能存在時，可以想見這將帶給地球的人類多大的喜悅與鼓舞。

因此根據蓋洛普民意調查的結果，相信幽浮存在的比例遠遠超過不相信者的比例，這樣的調查結果是可以想見的。作者本身並不是研究飛碟的專家，但倘若今天作者是持反對意見時，而且掌握一些不利於幽浮存在的一些證據，在學術的抗辯上也許獲得一些勝利，但在內心深處證實桃花源（天外訪客）不存在，總是不是一件令人愉快的事情，尤其在這麼一個擁塞紛擾的生活環境裡。

幽浮的定義（參考文獻1）

UFO(Unidentified Flying Object) 是不明飛行物的簡稱，譯成幽浮，又稱爲飛碟。

全世界各國包括台灣在內，對於幽浮的研究正方興未艾，而研究幽浮與外星人的主要資料來源有下列幾種：

①目擊者所拍攝到的照片和影帶

目擊者所見的飛碟形狀：

(1)超小型無人探測機：直徑三十公分左右，會飛進房屋內，通常爲球型或圓盤型。

(2)小型偵察機：直徑在一到五公尺左右，有人目擊此型飛碟降落，並走出外星人，在周圍進行調查。

(3)標準型聯絡船：爲最常見的 UFO，可能是外太空與地面間的聯絡船，地球人被拐架到飛碟的事件，幾乎都是此型飛碟。

(4)大型母船：直徑由幾百公尺到數千公尺，以圓筒型及圓盤型居多，出現的高度在一至二萬公尺，沒有降落在地面的目擊案例。

②美國空軍及NASA的內部機密文件

③目擊者的現身說法

●羅茲威爾飛碟墜落事件

一九四七年七月七日，美國新墨西哥州羅茲威爾市發現UFO墜落事件，杜魯門總統下令回收UFO殘骸及外星人屍體。一位參與當年解剖的華盛頓大學醫學博士出面作證，指出外星人的特徵如下：

(1)身高約一公尺到一・四公尺，手臂長到膝蓋以下。

(2)眼睛大而深，眼眶凹入。

(3)耳朵只在頭部兩側有凹洞，沒有耳殼及耳垂。

(4)只有鼻孔沒有鼻樑，嘴巴很小，只有一道裂縫。

(5)皮膚極厚，呈灰褐色光澤，全身無毛髮。

(6)手指頭僅四根，沒有大拇指且沒有腳趾。

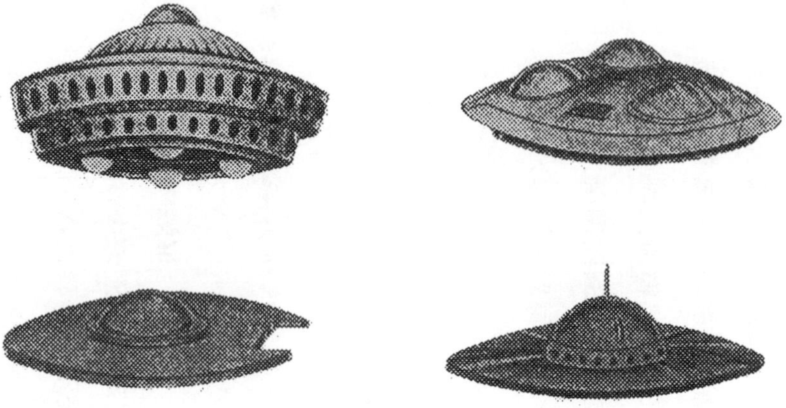

大型母船飛碟

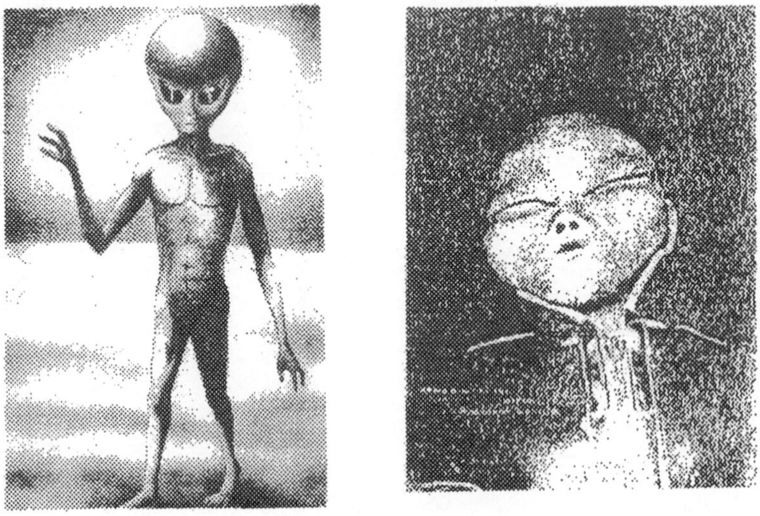

外星人遺體

(7)血液呈淡綠色，具強硫黃味。

(8)沒有生殖器，四肢沒有肌肉層。

(9)彼此長的很像，如同模型鑄造出來一般。

④中國古籍的記載

歷代天文志及地方志有不少關於天空神秘現象的記載：

(1)宋：西元一二二六年四月十三日，空中有黃色的氣，從東北橫貫西南，其中有十幾個白色的物體飛來飛去，差不多維持了二個多小時才消失。

(2)明：四元一五一二年八月六日夜，山東省招遠縣境，發現空中懸浮了一條紅色的龍並發出火光，從西北往東南，盤旋而上，天空隨即傳來鼓聲。

(3)清：西元一八六九年十二月四日，忽有雷聲振動，天空裂開一百多公尺，中有光芒閃爍，墜下一巨大物體，紅的像爐火，光芒照耀得如同白晝。

⑤宗教經典的記載（如聖經、佛經、可蘭經等）

舊約聖經中的耶和華（ELOHIM）一語，在古希伯來文中是指「從天空飛來的人」，因此有一派學者認為ELOHIM應是外星人，而「啓示錄」是外星人留給地球人的訊息。摩西、釋迦牟尼、耶穌、穆罕默德等先知都是ELOHIM外星人所派遣，到地球上來輔導人類正常成長的使者。

⑥神秘古代遺跡及神秘圓狀圈

近二十年來，英國威爾特郡地區靠近巨石文明遺跡的大麥旱田上，連續出現幾百個神秘圓狀痕，目前科學界仍無法解釋，研究者指出可能是來自宇宙的訊息。這些圓狀痕都有下列的特徵：

(1)有一定的幾何規則，如單圓、同心圓、橢圓、二圓組、三圓組、五圓組。

(2)農作物依一定方向傾倒成規則的螺旋或直線狀，但作物絲毫沒有受損痕跡。

(3)附近找不到任何人或機械到過所留下的痕跡。

(4)事件發生在晚上，附近都曾出現不明亮點或是爆炸聲。

(5)正中央部份有微量放射線。

⑦人類和外星人的第四類接觸

外星人在一九七三年曾主動接觸一位叫做雷爾的法國記者，透過他傳佈一些訊息。雷爾描述他被飛碟載往另一個行星，親眼看到外星人利用基因塑造新生命的經過。

外星人還告訴他，構成人的原子內還存有其他具有智慧的生命；另一方面，地球及其他所有的星球只不過是一個巨型生命裏的原子，而這個巨型生命也正在瞑想，另一個

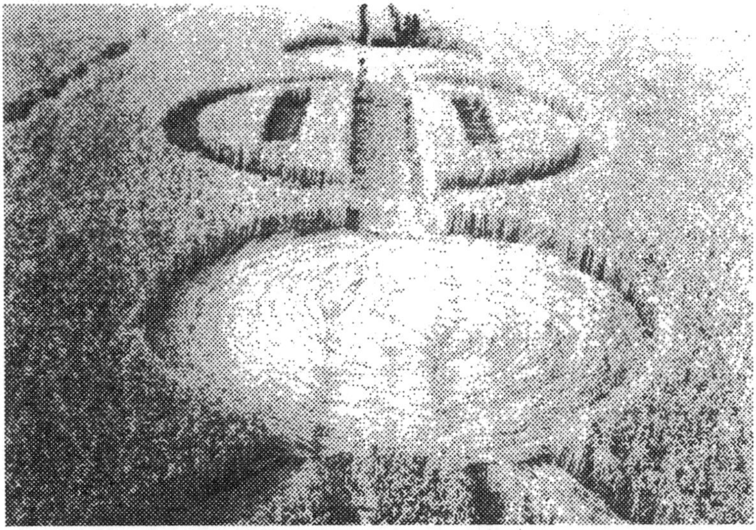

神秘圓狀圈

天空裡是否還有其他生命存在。其他還有許多人類與外星人接觸的事件被拍成電影。

飛碟究竟來自何方？

(1)地球外文明說：此說認爲外星人乘坐UFO在宇宙旅行，於遠古時代並曾在地球上建立高度文明國家，後來離開地球，留下許多無法解釋的遺跡，如金字塔。

(2)秘密兵器說：此說認爲UFO可能是地球某一國所開發的秘密武器。

(3)地球空洞說：地球中心是空的，而有高度文明的生物住在裡面，UFO是他們乘坐的飛行器。

(4)水中文明說：此說認爲古代有高度文明的都市沉入水中，時常乘UFO到地面來。

(5)時間旅行說：此說主張UFO是超越時間障壁，由未來世界來到地球的。

(6)超地球人說：此說主張我們所住的三次元世界之外，有更高次元的世界存在。縱使在同一地球上，也居住著許多次元不同的生物，而飛碟即是來自其他次元的飛行物。

(7)集合無意識說：此說主張UFO並非來自其他世界，而是人類潛意識下的產物。

雖然每種說法都有其依據，但由實際的觀察記錄，有幾點應是比較沒有爭議的：

(1)飛碟可以在三度空間和高度空間之間穿梭自如，所以飛碟可以在我們眼前突然出現，突然消失。

(2)不管飛碟是來自與地球重疊的高度空間，或是來自遠方的空間，其必須具有時空轉換的能力，可以進入未來，可以回到歷史。

關於一九四七年美國新墨西哥州羅茲威爾市的飛碟墜落事件中，有關解剖外星人的所有過程，美國空軍人員當時曾製作了一部長達91分鐘的影片。一名現已82歲高齡的前美國攝影師曾翻拷這部影片，將其交給一位他在美國遇見的英國記錄片製作人。

後來該影片輾轉到英國幽浮研究協會手中，於一九九五年八月在英國北部雪菲德大學召開兩天之幽浮會議中播放。

據英國幽浮協會指出，該部十六釐米黑白片中有美國科學家解剖一具外星人屍體的鏡頭。其他部份則爲飛碟殘骸的記錄。該影片同時也交給柯達公司檢驗，證實影片確是50年前的東西。

這部影片在此之前從未在世界各地公開放映過，目前已引起人們強烈的興趣。對於全世界的飛碟迷而言，這部影片相當於說明飛碟存在的鐵證；而對於那些堅持不信飛碟的人，可能就要大傷腦筋了，這一次要提出證據說明這部50年前的記錄片是僞造的，可能就不是那麼容易了。

關於上面各個主題的研究都有專書或專文討論，有興趣的讀者可以參閱參考文獻1至

6。

幽浮的研究一般人可能會覺得只是茶餘飯後的消遣娛樂，其實一位幽浮研究者要說服別人相信幽浮的存在，他所要涉略的學問可眞相當廣，這至少包含下列幾門學問：

①太空科技
②天文物理
③天文生物
④歷史學
⑤考古學
⑥宗教
⑦靈學
⑧相對論
⑨噴射推進原理

幽浮研究者最令人佩服的地方是他們勇於掙脫傳統學術思想的束縛，大膽地假設，賦予各種神秘現象科學性的詮釋，然後利用各種可拿到的證據去驗證假設的成立。其實這就是研究任何一門學問最基本的態度，也唯有透過這樣的步驟才能使幽浮的研究更加系統化，而成爲一專業的學問。

作者本身是學航太科技的，對於幽浮的專業研究涉略甚微，既沒有親眼目擊幽浮的出現，對於古籍或古代遺跡關於幽浮的記載也甚少接觸，因此無法像一般幽浮研究者引述各類證據向讀者說明幽浮的存在性。不過作者倒可以由航太科技及宇宙科學的觀點，提供一些這方面的進展，也許對於幽浮的研究有些幫助也說不一定。

宇宙時空路迢遙

不管是地球人主動出擊經由星際旅行去尋找有生命存在的星體，或者是外星人來地球探訪，要解決的共通問題都是在於：如何以有限的時間穿越漫長的星際空間。

距離太陽系在10光年（註：1光年指光在一年內所行進的距離，約爲九兆五千億公里）內之恆星總共有7個，其中最近的是半人馬座的α星，它是由3個星球所組成的參星，其中最靠近太陽的是「α星C」，距離太陽大約四・三光年。

如果假設α星C有生命現象的話，則人類需要穿越四・三光年的遙遠距離才能到達α星C。於一九七二年發射的先鋒10號無人太空船於一九七三年通過木星後，現在已飛出太陽系，朝著洛斯248恆星的方向飛去。洛斯248星距離太陽十・四光年，是第八近的恆星，根據估算先鋒10號大概要在距今32610年之後才會到達洛斯248星；如果令先鋒10號朝半人馬座的α星C飛去，則也需要13483年才能到達這顆離太陽最近的恆星。13483年對人類歷史而言是一段非常漫長的歲月，約略等於近代人類的始祖克羅馬儂人進化到現在世界所須要的時間。

這麼漫長的歲月導致星際旅行完全是不可能，也使得造訪外星人或外星人的造訪地

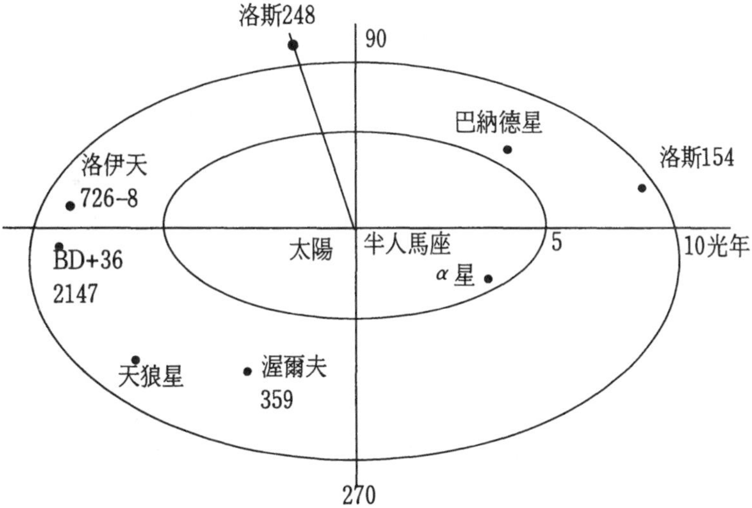

最接近太陽系的幾顆恆星

球的假設喪失了有力的依據。然則這一計算結果乃根據目前火箭推進能力而來的，如果未來反物質火箭（即光子火箭 photon rocket）或星際噴射推進引擎 Interstellar ramjet）發展成功時，則星際旅行已非難事。

也許有讀者仍會擔心，目前可見宇宙的範圍至少有一五〇億光年的大小，縱使人類有能力製造接近光速的火箭，但以人類的有生之年，頂多也只能在太陽系爲中心，100 光年（設人可活到 100 歲）爲半徑的圈子內打滾。100 和 150 億比起來還是幾乎爲零，如此看來，縱使人類文明發展到有能力製造接近光速的火箭，其對宇宙的了解似乎比現在好不到那裡去?!

如果利用光學望遠鏡或電波望遠鏡發現某

顆距離太陽 100 萬光年的恆星上有生命存在的跡象，那麼縱使利用可見宇宙中最快的光子火箭去造訪那顆恆星上的外星人，或那邊的外星人要拜訪地球，雙方都需要花 100 萬年的時間才能到達對方的星球。100 萬年已遠遠超過單一生命體存在的極限。

悲觀的讀者是不是會在這裡下一個結論說：既然速度的極限是光速，那麼縱使人類文明發展到能製造達光速的光子火箭，對於造訪遙遠的恆星或期待遙遠恆星上的外星人（幽浮）降落到地球上的這些事情，不是仍然是不切實際的夢想嗎？

幽浮的飛行原理

我們相信幽浮已充份掌握了時空轉換的原理，以相對論的角度來觀察，幽浮至少具備下列四種高級星際飛行原理：

幽浮的飛行原理①：時間變慢

確實，以人類百年之身要作百萬或千萬光年距離的旅行看來是很困難，但絕非不可能。至少飛碟已經克服了這個問題。在上節的推論中，吾人少考慮了一項非常重要的效應，即狹義相對論中的時空效應。時空效應中有一點是關於運動物體內時間的描述：

設有一太空船以速度V相對於船外之一觀察者做運動。今有一事件發生在太空船內，其經歷的時間由船上的時鐘測得爲1秒；同樣的事件，若由船外的觀察者根據他自己的錶去測量事件經歷的時間，則所量到的時間將遠大於1秒。計算公式請參考附錄C。

也就是說太空船上的鐘，由外面的觀察者看來，走得比較慢。舉一個例子來說，若太空船的速度是〇·九九九倍光速，則在太空船內一天的時間由外面的觀察者看來已經過22天了。這種由於物體運動所導致時間延緩的現象，會隨著物體速度的增加，而更加地明顯。

一九七五年美國海軍即做過實驗證實時間延緩效應的發生。他們在飛機上裝了一系列靈敏度非常高的原子鐘（原子振盪器），在契沙比克灣（Chesapeake Bay）附近進行五次飛行。每一次飛行結束，均比對飛機上的原子鐘和地面上原子鐘的顯示時間差異，結果發現地面上的鐘平均比飛機上的鐘快上三十億分之一秒。這是首次證實時間延緩效應的存在。此一時間延緩量非常小，乃是因飛機本身的速度和光速比起來，幾乎爲零。

但對於光子火箭，其速度可非常接近光速C，此時時間延緩（或稱時間膨脹）效應將非常地顯著。如前所述，如光子火箭達到光速的〇·九九九倍時，則火箭外的觀察者經歷了二十二天，火箭內的時鐘才經歷了一天。

前面吾人提到人類要到最近的恆星——半人馬星座的α星C以光子火箭接近光速的速度航行時，須時四·三年。但讀者須注意這四·三年的時間乃地球人對光子火箭所做的觀測值，對於光子火箭上的太空人而言，他們所感受到的時間變化將遠小於四·三年。若光子火箭的速度是〇·九九九倍光速，則太空人所感受到的時間變化只有約70天。

因此原先以為以人類百年之身，使用〇‧九九九倍光速的太空船做星際旅行，頂多也只能經歷 100 光年的空間距離，但若將時間延緩效應考慮在內時，則人類至少可以經歷二千七百光年的距離，若光子火箭速度更加逼近光速時，則人類可以歷經的星際距離將更長。

●走入未來是否可能？

按照相對論的解釋，這是可能的。

當太空船以〇‧九九九倍光速飛離地球，並以等速在太空中飛行一年以後（太空船內的時間），又重返地球。

←

根據前面的推算，太空船內一年，地球已經渡過了22年。

←

當太空人回到地球，是進入22年以後的地球，他將發現本來同年紀的朋友，現在都比他老了21歲；他也竟然發現他的小孩，和他同年紀。 因為太空人離開地球前，假設是23歲，而他的孩子為2歲。太空人在太空船內過了1年回到地球上時，為24歲；但太空船內1年，地球已過了22年，因此太空人的小孩應

該是2加22歲，也就是24歲了，所以太空人會發現，當他回到地球後，他和他的小孩都是24歲。

除了高速運動會使時間變慢外，重力也會造成時間變慢。愛因斯坦預測，重力也會影響時間的進行。可是由於重力對時間的影響非常小，當時無法實際加以證實。現在已研製出利用原子振盪的原子鐘，因此可以藉著實驗找出地球重力對時間的影響。

讓我們以黑洞爲例，來看看重力對時間會造成什麼樣的影響。首先我們在正被黑洞吸進去的物體上安裝一個原子鐘。這個原子鐘非常規則地發出固定波長的光。我們從不受黑洞重力影響的遠處觀察時，觀察者將會察覺到，他所接收到的光，其波長比原來的數值愈來愈大（參考圖）。

從圖中我們看到愈進入黑洞的核心，重力場愈強，時間走得愈來愈慢，最後時間在黑洞的中心凝固，一切停止，霎那即永恆。

各地由於重力場的不同，而造成時間快慢的差異性，這讓我們聯想到中國民間的一則故事：一位樵夫到山上砍柴，在途中遇到二位老翁在路旁的涼亭內下棋，樵夫歇一歇腳，才看完了二位老者的一盤棋後，又繼續趕路回家。沒想到回到山腳下的村莊，四周

重力造成時間變慢

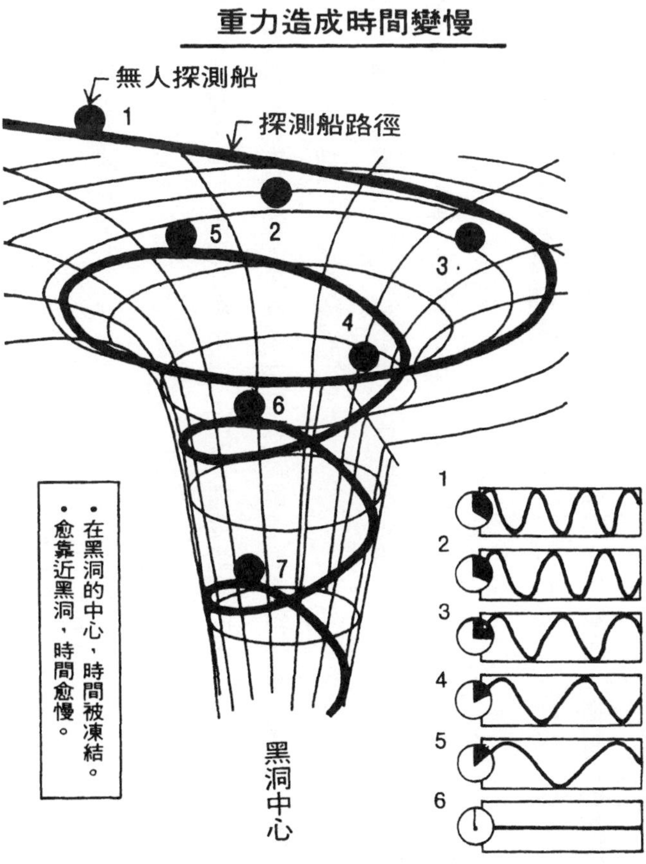

黑洞周圍的時間變化

圍環境已全然不同，好不容易找到他所住的地方，左鄰右舍卻沒人認得他，仔細詢問之下，才知他已離家50年，老伴早已去世，孩子也已當了祖父。這就是所謂的：

天上一日，人間百年。

宇宙各星球，由於重力強度不同，運行速度也不同，造成各星球間的時間快慢、物體大小、度量，都有明顯的不同。在華嚴經第十三卷中，提到不同天界（星球），其時間、大小、尺度和地球的比較情形：

佛陀所講的各層天，可能指宇宙中遠近不同的星系，星系由於重力場的不同，其時間的快慢自也不同。讀者可以發現懂一點相對論的基本知識，再來看佛經，會有一些意想不到的體悟。

幽浮的飛行原理②：長度縮減

根據愛因斯坦狹義相對論：「在高速前進的太空船內，物體長度會變短」。

因此當飛碟的速度接近光速時，目擊者所觀察到的飛碟長度將趨近於零。這也是爲何飛碟起飛後，會突然消失的原因。

不同天界的時間及長度大小

時空量＼天	身　長	衣重	壽（天年計）	一晝夜的時間
四天王天	半　里	半兩	五百年	五十（人間年）
忉利天	一　里	六銖	一千年	一百（人間年）
燄摩天	一里半	三銖	二千年	二百（人間年）
兜率天	二　里	二銖	四千年	四百（人間年）
化自在天	二里半	一銖	八千年	八百（人間年）
他化自在天	三　里	半銖	萬六千年	千六百（人間年）

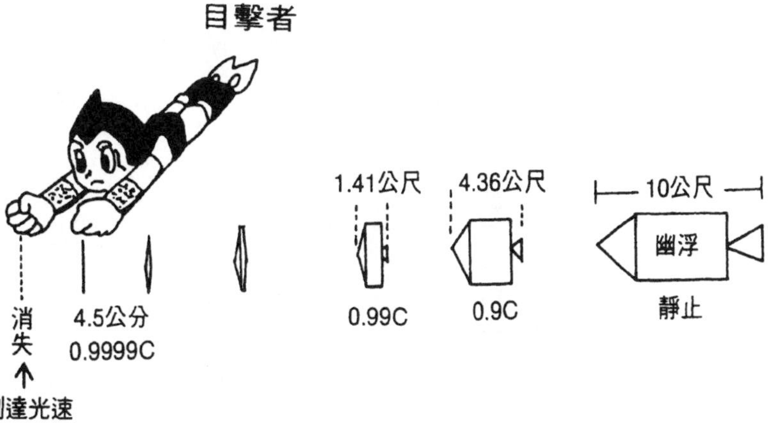

飛碟的消逝過程

舉例：（所用公式請參閱附錄C）

若有一目擊者，觀察到幽浮從起飛到消逝的全程，則其所看到的情形，應可描述如下：

①設目擊者所看到的靜止幽浮全長10公尺。

②當幽浮加速到〇・一倍光速時，目擊者所看到的幽浮全長爲九・九五公尺。

③當幽浮加速到〇・九倍光速時，目擊者所看到的幽浮全長爲四・三六公尺。

④當幽浮加速到〇・九九倍光速時，目擊者所看到的幽浮全長爲一・四一公尺。

⑤當幽浮加速到〇・九九九九九倍光速時，目擊者所看到的幽浮全長爲四・五公分。

飛碟長度的變化如圖所示。這裡須注意的是幽浮是在觀察者的眼前消失，這和吾人在看天上的飛機，當飛機越飛越遠，然後消失的現象是完全不一樣的。

・幽浮的消失，是因其長度縮爲零。

・飛機的消失，是距離太遠，而變小。

幽浮的飛行原理③：空間扭曲

(1)萬有引力不是引力

根據愛因斯坦廣義相對論：「萬有引力是時空扭曲所造成的」。萬有引力實際上不是引力，茲舉例說明如下：在彈簧床的中心擺一個50公斤的大鐵球，然後在床緣放一個小鋼珠，則見小鋼珠朝大鐵球滾去，是大鐵球在吸小鋼珠嗎？不是！是大鐵球將床面「扭曲」後，小鋼珠順勢下滑而已。

同樣的道理，大星球對小星球的吸引，是因大星球將周圍時空凹陷後，小星球順勢下滑的結果，所以表面上看起來好像是大星球有一股力量在吸引著小星球。

太空中的物質會造成物質所在空間的凹陷，此一現象在一九一六年時，愛因斯坦所提的廣義相對論中，即有理論上的證明。不過直到一九八〇年代，才被先進的天文觀測技術所實際證實。

下圖即在說明重力所造成的時空凹陷現象。巨大星系將周圍空間凹陷後，使得從後方射進來的光線通過凹陷區時，也要順著空間凹陷起伏的「地形」而向前運動。而另外一條光線由於其路徑遠離凹陷區，所在的空間很平坦，所以進行的路徑是直線。今比較二束光，一束通過凹陷區，其路徑曲折起伏，另一束遠離凹陷區，其路徑爲直線，所以前者的路徑長大於後者的路徑長。因此當這二束光到達我們的觀測站時，就會有時間的相位差，而在觀測鏡上留下二個影像，一個是主影像，一個是次影像。此一光學效果好

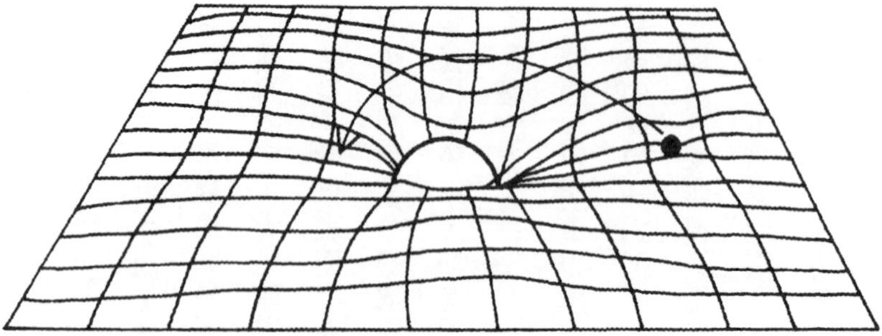

巨大星球周圍所造成的空間凹陷現象

像是光線通過透鏡所產生的情形一樣，因此又稱爲重力透鏡效應。

(2)飛碟具有扭曲空間的能力

原先距離遙遠的二點，經過空間扭曲後，會變得很近。這猶如紙張對角二點距離最遠，螞蟻要走較久，但將紙張對折後，螞蟻可在一瞬間從一角到達另一角，螞蟻就是飛碟，紙張就是太空空間。飛碟將太空空間彎曲後，可在一瞬間從太空中的一角到達另一角。

參考下圖，其中A、B表在三度空間中距10萬光年的二顆星球，因此若以光速旅行，從A到B需要10萬年的時間。但是若將空間加以彎曲（注意三度空間的彎曲，須在四度空間中，才能看得到），則A、B間之距離將大爲縮減。例如下圖上，將A、B所在的空間視爲一平行四邊形，沿著從左上

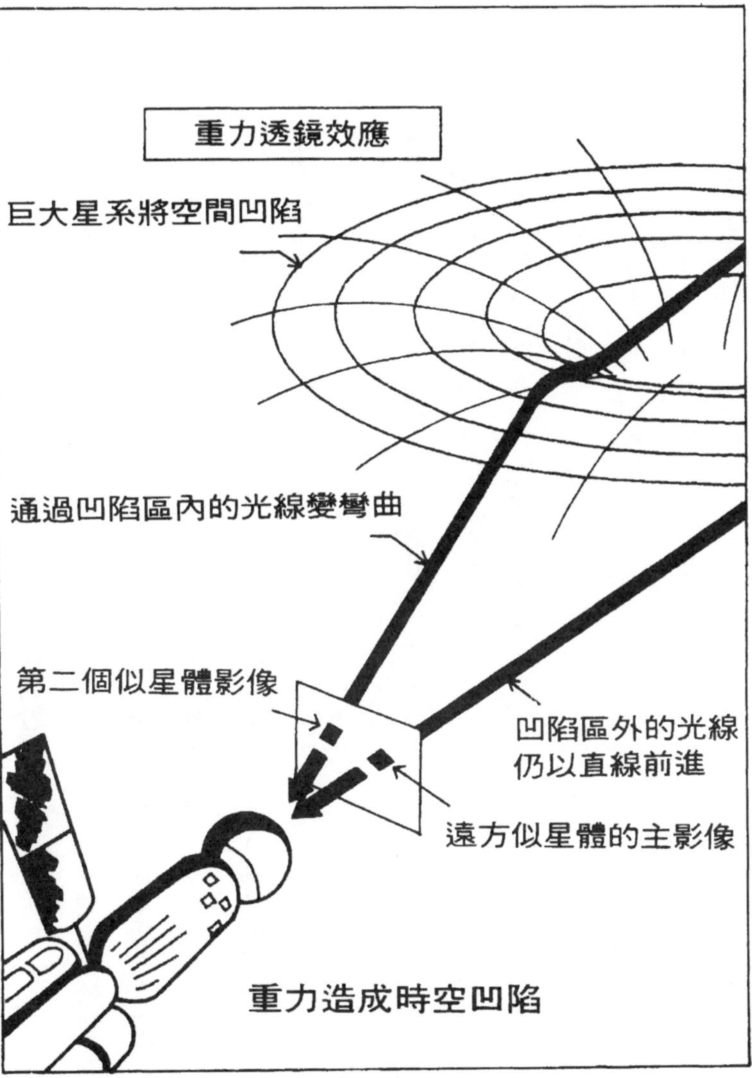
重力透鏡效應
巨大星系將空間凹陷
通過凹陷區內的光線變彎曲
第二個似星體影像
凹陷區外的光線
仍以直線前進
遠方似星體的主影像
重力造成時空凹陷

重力造成時空凹陷

角到右下角之對角折線，將此平行四邊形對折，對折後之空間如下圖示所示，此時原先距離遙遠的A、B兩點，現則幾乎重疊（從四度空間看來）。

由三度空間看四度空間之難於理解，正猶如二度空間看三度空間之難於理解。四度空間生命看三度空間中人類行爲之幼稚可笑，正猶如三度空間中人類看二度空間內螞蟻行爲之幼稚可笑。在下圖中，有一隻螞蟻要從A走到B。

螞蟻是二度空間的生命（僅能在平面運動），如果牠要從A到B，須走：

・二度空間路徑：A→C→D→B

總共須爬行201公尺

如果螞蟻學會飛，則牠直接由A飛到B，只要飛行1公尺。

・二度空間的螞蟻認爲A、B之間長201公尺。

・三度空間的螞蟻認爲A、B之間長1公尺。

我們可以做如下的對應：

・若A表太陽，B表另一顆恆星。

・在三度空間中：A、B相距201光年

・在四度空間中：A、B相距1光年

平坦的空間：

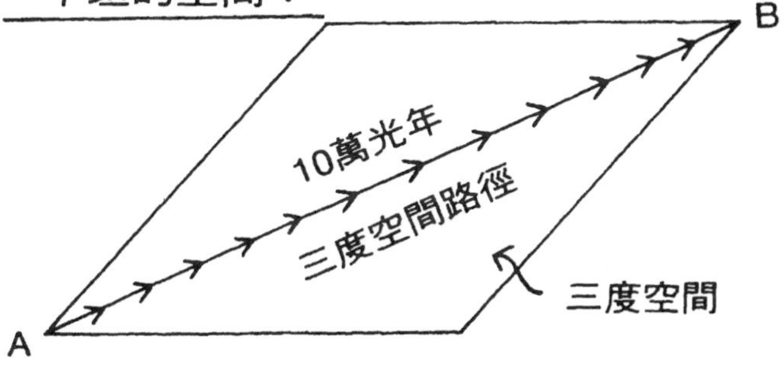

扭曲後的空間：

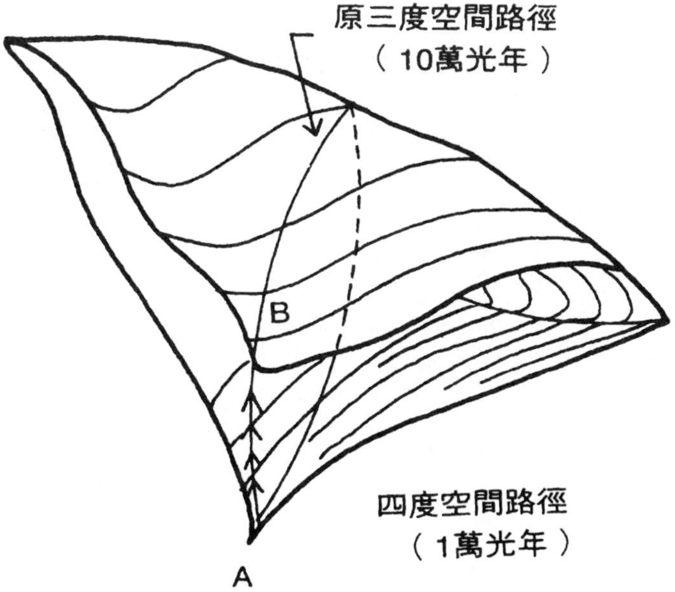

空間扭曲後，距離變短

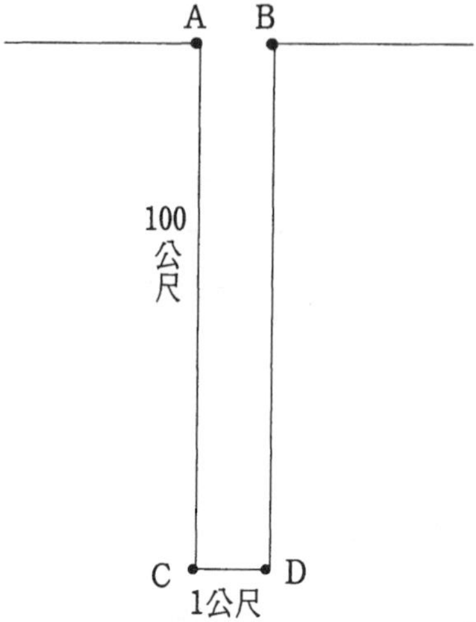

二度與三度空間之距離

因此我們所認爲的太空之中兩顆恆星距離數十萬光年的遙遠距離，那純粹是三度空間的觀念罷了！就如同上面的螞蟻一樣，二度空間的螞蟻認爲A、B之間非常遙遠，要走很久才能到達，對於會飛的螞蟻（即三度空間的螞蟻），A、B可說近在咫尺，飛一下就到了。

螞蟻學會飛，就猶如人類學會進入四度空間，本來認爲的距離障礙，一下子就不見了。我們可以做如下的結論：

所能夠進入的空間度數越高，距離的限制及障礙就越低。

幽浮的飛行原理④：貫穿陰陽

當飛碟的速度小於光速時，我們可以看到它；當其速度達到光速的瞬間，飛碟的形體會突然消失，因飛碟已進入了「虛數」（$\sqrt{-1}$）的世界，亦即進入了中國人所謂的「陰」的世界。如果將來太空梭的速度可突破光速，那麼我們將可以拜訪飛碟的故鄉，順道看一下我們逝去的祖先如何在「陰」的世界中生活。

未來人類的星際之旅

那麼有沒有可能以二、三十年的時間穿越150億光年的浩翰宇宙呢？也就是說以光子火箭用光的速度旅行150億光年的距離，不需要150億年，只要二、三十年就足夠了，這樣子的夢想有可能實現嗎？這是有可能的，關鍵就在時間的延緩效應上。

下面就讓我們乘坐宇宙號星艦去宇宙的邊緣探一下究竟。由於太空人須好幾年都生活在星艦內，因此要使得太空人在星艦上的感覺和在地球的感覺一模一樣。而其中最大的差異點是在地球上，人類恆常受到一個G的重力加速度；然而太空中的重力卻是零。爲了使太空人也能感受到類似地球的重力，需使宇宙號星艦以一個G的加速度前進，當星艦要減速時，也以一個G的減速度進行，此時須將星艦的頭、尾做180度的對調，因此雖然星艦正在做1G的減速，但裡面的太空人仍然覺得是在做1G的加速度，使得不管星艦的運動如何，太空人仍猶如置身於地球的重力場一般。如此才能確保太空人能健康地在星艦內生活；否則長期地處在高於1個G或小於1個G的重力場內，太空人遲早會精神錯亂的。

宇宙號星艦以一個G的加速度（相當於9.8米／秒平方）離開地球，航向浩瀚的宇宙海，什麼時候太空人才能到達宇宙的邊緣呢？如果星艦到達宇宙的邊緣後，又折返地球，則當星艦返抵地球時，太空人還活著嗎？那時地球變得如何？地球還存在嗎？這些疑問，都可以借助相對論公式的計算而獲得解答。茲將計算的結果列成如下表（參考文獻7）：

在表中，第一行表星艦內所量得的時間經歷；第二行表地球的時間；第三行表星艦航行之距離；第四行表星艦到達之星系。在星艦內的第一年，地球上已渡過一・二年，此期間星艦飛越〇・五六光年的距離，而星艦的速度達到光速的27％。當星艦內之時間滿2年時，地球上的人類已渡過三・八年，星艦已航行二・九一光年，星艦的速度則已達光速的97％。

當太空人在星艦上渡過第三個年頭時，他將會發現星艦來到距離太陽系九・七七光年的地方。在這個半徑範圍之內，星艦可以觀察到距太陽10光年之內的7顆恆星如前圖所示。此外有二顆恆星，天苑四（波江座ε星，一〇・八光年）及天蒼五（鯨魚座τ星，十一・八光年），也在這段期間通過。美國國立電波天文臺的德瑞克博士所主持的「歐茲瑪計畫」正是針對這二顆恆星搜尋知性訊號。

如果太空人能夠適應星艦內的生活環境、休閒、工作，如同在地球上一般，那麼他

太空船的飛行時間及距離對照表

太空船內的時間	地球的時間(年)	飛行距離(光年)	到達的星系
1(年)	1.2	0.56	
2	3.8	2.91	半人馬座α星C
3	10.7	9.77	羅斯154星
4	30.1	29.14	
5	84.5	83.54	已越過數千個恆星
6	237.3	236.31	
7	666.2	665.24	
8	1,870.5	1,869.57	
9	5,251.9	5,250.96	
10	14,746.0	14,744.98	
11	41,402.5	41,401.51	穿越銀河系中心
12	116,247.4	116,246.37	完全脫離本銀河系
13	326,390.0	326,388.87	
14	916,410.7	916,409.12	仙女座星座
15	2,573,022	2,573,019	
16	7,224,342	7,224,338	旋渦星系NGC300
17	20,283,744	20,283,712	旋渦星系M83和M104
18	56,951,456	56,951,408	室女座星系團
19	159,902,192	159,902,192	似星體
20	448,963,840	448,963,584	宇宙巨牆，宇宙柵欄
21	1,260,572,420	1,260,571,900	似星體
22	3,539,303,420	3,539,301,320	
23	9,937,436,670	9,937,432,580	到宇宙邊緣的半途

會隨著星艦速度的加速，感受到這趟星際邊緣之旅的刺激與前所未有。當太空人在星艦上生活滿五年後，宇宙號星艦已飛離太陽系84光年，中間所穿越過的恆星有好幾千個。

太陽系離本銀河系的中心約有三萬光年的距離，我們可以對照一下表中宇宙號星艦的飛行距離和經歷時間的關係，可以發現在旅行滿10年後，星艦飛行一四七四四・九八光年，約爲到達銀河中心的中途點。如果我們的目的是在本銀河系的中心，此時就要開始減速，並將星艦做180度的倒轉，使得尾朝前，頭向後，以便讓在艦內的太空人仍能感受到一個G的「加速度」（實際上應是減速度，不過因爲頭尾顚倒，所以太空人仍感覺是加速度），如此才能避免因星艦的減速而破壞太空人的生活環境，但是我們的目的地在宇宙的邊緣，不在本銀河系中心，因此在10年末仍以一個G的加速度向無際的太空衝刺，不下達減速的命令。

由於星艦的速度越來越快，星艦在第11年的這一年中，總共飛行了41401.5－14745.0= 26656.5（光年）.,也就是說在這一年內，星艦所飛行的距離超過它在第1年到第10年間飛行距離的總和。而且第11年末，星艦已飛離本銀河系的中心，續向其他銀河邁進。到達第12年末的時候，星艦距太陽系116246光年，已經完全脫離本銀河系的範圍。

這時我們從星艦往後看，可以看到整個銀河系的輪廓。它就像一個巨型圓盤，直徑約10萬光年，包含二千億顆星球。中心部份是星球緊密集中而成的透鏡狀「核心」，並由核球伸出巨大旋渦，稱之爲「旋臂」，其上下均可見到沸騰般噴出的高溫氣體。這麼壯觀的景像，是人類有始以來第一次從銀河系的外面看到我們所在的銀河系是長得像什麼樣子，這就好像在人造衛星還沒有發明前，人類無法跳出地球外，看清楚地球的外形輪廓一樣。當星艦內的太空人看到此一壯觀的銀河景像，而將此一景像化成數位資料傳回地球，讓地球人也能一睹銀河系的輪廓。

不過讀者要注意星艦內的時間的第12年末，星艦距離太陽系116246.37光年（參考上表），數位資料是以電磁波的方式傳回地球，電磁波的傳播速度等於光速，因此當太空人把圖片資料傳回地球，需要歷經116246.37年的時間才會到達。11萬年的時間，地球上的人類是否還存在？或是因冰河期的再次來臨，人類已完全絕跡？或者是人類的科技已完全克服自然界的災難，而進化爲宇宙人？太空人所傳回的圖像資料，地球人是否能收到，還是一個未定之數。

星艦內時間第13年到第14年的二年間，星艦穿越了離本銀河系最接近的二個銀河系（即星系）——大小麥哲倫雲系。「大麥哲倫雲系」其質量只有本銀河系的十分之一，其附近還有「小麥哲倫雲系」，大小麥哲倫雲系互相環繞對方運行，並以十億年一周的速度環繞本銀河系。大小麥哲倫雲系受太空中黑暗物質的重力影響，而逐漸減速，據估計十億年後將會掉進銀河系裡。

穿越大小麥哲倫雲系後，星艦繼續向外太空奔馳，在星艦時間第15年，來到距銀河系 230 萬光年的仙女座星系。仙女座是一美麗的旋渦星系，其大小和本銀河系差不多，可以看到中心的核球和圓盤上的旋臂。仙女座星系與銀河系之間由於重力作用，正以每秒 100 公里的速度相互接近中。在仙女座和本銀河系的周圍，圍繞著若干星系成群運動，此即構成本星系群（local group of galaxies）。本星系群擁有30個以上的星系（本銀河系是其中的一個星系），其分佈區域大約廣達 300 萬光年。

星艦日誌第16年，宇宙號星艦飛離銀河系約 700 萬光年，所在位置是旋渦星系 NGC 300，它具有小型核心，並由此伸出旋臂。太空人可以觀測到此星系的中心部份正不斷地產生新星球，耀眼的超新星爆炸光芒，讓太空人的眼睛無法直視。

星艦日誌第17年，上半年星艦穿越一千六百萬光年遠的 M83 星系，太空人觀測到此星系擁有兩股旋臂的巨大旋轉焰火；下半年則通過旋渦星系 M104 。這個星系由於它的外形，又被稱爲「寬邊帽（Sombrero）星系」。太空人看見此星系的赤道面上積存有可當做星球原料的黑色星際氣體。

星艦日誌第18年，宇宙號星艦飛離銀河系五千七百萬光年，所在位置爲室女座星系團（Virgo Cluster）。室女座星系團和本星系群，以及另外若干星系群組成半徑一億五千萬光年之巨大的「本星系超集團」（Local Supercluster，又稱爲室女座星系超集團）。宇宙中除了本星系超集團之外，還有后髮座星系超集團、雙魚座星系超集團等大型集團。本星系群正以每秒300公里的速度向室女座星系團方向移動；而室女座星系團中之星系，正以每秒一千公里的高速逐漸掉進星系團中心。導致室女座星系團中心的星系密度很高，太空人可以觀測到很多星系相撞、合併等現象。

星艦日誌第19年，宇宙號星艦和本銀河系距離打破1億光年大關。太空人可以觀察到的宇宙結構愈來愈大。在距離地球3億光年處，太空人發現由星系超集團連成的泡沫狀的巨大組織，稱之爲宇宙大規模構造。原來星系在太空中的分佈不是均勻的，有些地方星系的密度非常高，另外也有些領域則幾乎沒有星系的存在。星系密度很高的領域，星系集中的樣子就像一面牆，牆內部看似結實，牆外卻是一片空蕩蕩。星艦日誌第19年的後半年，星艦到達約4億光年的地方，太空人發現星系集中的領域原來是很有規律地交錯排列著，排列的樣子很像牧場規則排列的柵欄，柵欄間之距離約4億光年，所以又稱爲星系柵欄。

星艦日誌第20年到22年的二年間，星艦飛行距離由10億光年逐漸增加到 100 億光年，在這段太空空間之內，就是地球上所觀測到的「似星體」分佈的地方。似星體的眞相長久以來一直撲朔迷離。它看起來是個星球狀的心星體，但它的亮度卻是普通星系的一萬倍以上，並且持續、強烈地放射出能量極大的紫外線、X光、電波等。如此龐大的能量，不可能是一般星球所能製造出來的，因此科學家推測似星體是個特異的星系。現在太空人正通過似星體分佈的區域，可以仔細端詳一下似星體的眞正面貌。

星艦日誌第23年，星艦飛行距離破百億大關。回想23年前太空人搭乘宇宙號星艦從地球出發遠征時，還是一位翩翩美少年，如今已是髮鬢半白、小腹微凸的中年人了。如果把宇宙的邊緣定在 200 億光年的地方，則到第23年末，星艦算是到達宇宙邊緣的中途站。

星艦日誌第24年，星艦開始以一個G減速，並將船艙方向做 180 度的對調，並估計再經23年後，星艦停在距離太陽系 200 億光年處的宇宙。算一算，從地球出發，穿越 200 億光年的太空，星艦來到這宇宙的邊緣，總共花了46年的時間，對原先一位20歲的太空人，現正已成了66歲的老年人了。不過能以有限的生命，穿越整個大宇宙的範圍，親眼目睹各種宇宙神秘現象的發生，也已不虛此行了。

星艦日誌第47年，地球時間第200億年，星艦在距地球200億光年的宇宙邊緣處，做短暫的停留觀測後，開始沿原來的路往回走。第一代太空人已60多歲，星艦內的所有工作已全部移交給第二代太空人。第二代太空人全部都是在星艦上出生的，他們非常期待能夠再回到人類的老家——地球。不過他們很擔心，當他們回到地球原來所在的空間時。地球是否還存在？因現在所在的位置是距地球200億光年的地方，星艦回地球所在星系需時46年，地球經歷時間則爲200億年。

星艦日誌第96年，地球時間第400億年，宇宙號星艦回到本銀河系，第二代太空人已接近80歲，星艦工作移交給第三代太空人。第三代太空人在尋找他們祖父母口中念念不忘的太陽系和地球，但他們可能永遠也找不到。400億年時間已經超過了星球存在的壽命，地球、太陽系、甚或銀河系早已不存在，取而代之的是新的太陽系、新的銀河系。當然，在新的太陽系中有可能有新的生命存在，但也絕不是第一代太空人所念念不忘的地球人了。

對於第一代太空人而言（如果他們還活著的話，應有110歲了），看到太陽系、地球的消失死亡，他們心中有著嚴重的失落感，猶如失了根的蘭花；但對於第二代、第三代的太空人而言，星艦就是他們的家，從出生以來就是在星艦上生活、工作，地球對他們而言，只是千萬個星系中的一個小行星，地球的消失、死亡是再自然不過的事情了，有什麼好失落、悲傷的呢？

星際超級航艦——地球

在上一節中我們描述了星際旅行的可行性。利用時間延緩效應，以接近光速飛行的星艦花了四十六年的時間從地球出發穿越了二百億光年的浩瀚太空來到宇宙的邊緣（當然因為宇宙不斷在膨脹，嚴格來講，並無眞正的宇宙邊緣存在）。因此以人短短的生命，遍遊全宇宙，實乃非難事，只要人類可以發展出接近光速的推進引擎。

在前面的討論中，吾人也隱約感覺到一件很有趣的事情——「回到未來」。星艦日誌第九十六年，當星艦又回到地球時（假設地球仍存在），所看到的地球是已經演化四百億年後的地球了，也就是說星艦花了九十六年的時間進入四百億年後的地球世界，如果那時地球還存在的話，大概也是垂死的冷寂星球。星艦上的太空人若想見見他們地球上的親人，可就要大失所望了。我們又提到對於星艦上的第二代及第三代太空人而言，星艦就是他們的家，就是他們心中的地球；第一代太空人心中所眷念的地球，對第二代、第三代太空人而言，只不過是一顆普通的行星罷了！

宇宙號星艦要能在太空中旅行幾十年，甚至上百年的時間，可想而知，它要非常地大，能讓太空人世世代代在裡面生活，因此它至少要包含下面的設施與功能：

①要有源源不斷的氧氣供應。

②需能培育各種不一樣的蔬菜、水果以提供均衡的營養。

③要有取之不竭的水份。

④要有足夠的金屬礦藏，提供星艦本體結構的修補及各儀器設備的換新。

⑤要有足夠的防護能力抵抗宇宙輻射線的侵襲，以及隕石的碰撞。

⑥要有足夠的光源。

⑦要有源源不斷的能量供應，除了提供星艦本身的動力外，星艦內的各種交通運輸，日常生活、娛樂等也需要持續的電力供應。

以上所列七個要求只是最主要的，另外還有許許多多次要的要求。因此要製造一艘能長久在太空中飛行的星艦實非容易。不過會讓讀者很驚訝的一件事情是，實際上滿足上述七大條件的巨大星艦早已建好，而且已載著人類在太空中飛行了幾萬年，它是什麼呢？沒有錯，這艘巨無霸星艦就是地球。地球這艘星艦是設計得這麼巧妙，可以說是天衣無縫。

爲了要抵抗宇宙輻射線的侵襲以及隕石的碰撞，地球號星艦的設計者製造了濃厚的大氣層以保護地球；爲了讓地球號星艦內的太空人（人生活在地球上，而地球是在宇宙太空中飛行，稱人類爲太空人是一點也不牽強的）得到充份的光線，地球號星艦的設計者製造了一個持久不滅的光源——太陽；爲了讓地球號星艦內的太空人有持續不斷的水份供應，設計者挖了巨大的水池儲存了大量的水——海洋；爲了提供太空人均衡的營養，設計者在地球號星艦內培育了各式各樣的植物，繁殖了各種動物；爲了提供太空人在星艦內交通運輸所需要的能源，設計者在星艦內預藏了大量的石油、天然氣等礦產。

地球號星艦設計得幾乎是完美，星艦內的環境可維持幾萬年而幾乎保持不變。星艦內的太空人一代傳一代。雖然第一代太空人所要完成的太空旅行任務，已漸被遺忘，但這個太空任務似乎也不是藉口傳留給下一代的太空人，地球號星艦的飛行路徑早已被鎖定，依循某一特殊橢圓軌道圍繞太陽而轉，太陽又繞銀河中心而轉……，一層一層擴大至一層，地球運行的軌道靠由自然界的重力定律巧妙地被鎖定，什麼時間該運行到什麼地方，似早有安排。雖然地球號星艦上的太空人由於文明的進展、知識的累積，漸漸明瞭星艦（即地球）在太空中的運動規律，但也僅止於明瞭的階段，而無法去改變已設定好的自然規律。

如果將地球比擬爲航行於浩瀚宇宙中的巨大星艦。那麼有讀者一定會問：那麼，我們爲何未曾聽說有關地球這艘星艦的太空任務呢？其實如果太空任務是用語言一代傳一代的話，那可就不確實了，而且可能變成一種傳說，以訛傳訛。如果你是地球號星艦的設計者，你如何讓星艦的太空任務在太空人的身上一代一代傳下去，幾萬年都正確無誤地傳下去呢？最可靠的方法就是把任務的密碼藏在太空人的遺傳因子 DNA 上。

人類隨著文明的進展，從登陸月球，登陸火星，探索外行星，甚至無人太空船的飛離太陽系，正一步步地進行在我們人類遺傳中所隱藏的太空夢想。當我們抬頭仰望天際，對浩瀚太空總有一份說不出的期待與好奇，很沒有來由地，總有一股衝動想要去探究它。這份對太空的神秘感情，不分種族，不分年代，深深地烙印在人類的內心深處——DNA 的遺傳因子。這正猶如一種北方的候鳥，當冬天快來臨時，會成群結隊地往南避寒，牠們飛越數萬公里，準時而且正確地飛到一個牠們未曾到過的南方小島。這個小島是牠們的祖先每年避寒、繁衍下一代的地方。候鳥如何知道他們的飛行目的在那裡呢？候鳥如何飛行數萬公里而不會迷失方向呢？候鳥如何把訊息正確地一代傳一代呢？

有關候鳥南遷的一些疑問，科學家至今還不十分地清楚，但可以確定的是南遷時的目的地及飛行路徑極有可能是以遺傳因子的型式記錄下來。人類的太空任務何嘗不是如此呢？人類——地球號星艦上的太空人，雖然有時會因生活上的一些瑣事，忘了自己是乘著地球這巨大星艦在浩瀚的宇宙中遨遊的太空人；也許是地球號星艦的防護罩——大氣層，設計得太好，讓太空人不用著太空裝，就可以在地球號星艦上自由地活動，因而讓地球星艦上的人類忘記了自己是一艘巨大星艦上的太空人；但人類遺傳因子中所隱藏的太空任務密碼是永不會消失的。人類渴望太空的探索，渴望看一下來自外太空的朋友，正如候鳥南遷的訊息一般，一代傳一代，在人類的身上不停地發生著。

幽浮與現代人類的起源

從科學的觀點而言，地球的確是一艘製造得完美無缺的太空航行器，這艘航行器可以自給自足，提供數十億太空人之生活所需，至少達數百萬年之久而不虞匱乏。那麼這樣一艘完美無缺的宇宙星艦是誰製造的呢？這星艦上的太空人（地球人）是誰放進去的呢？

這是一個很有趣的問題，宗教界和科學界各有不同的看法。先分析一下宗教界的看法。聖經的創世紀對於地球號星艦及其上太空人的製造流程描述得很清楚：

①第一天使星艦內有白天和晚上的週期變化。

②第二天製造空氣和水。

③第三天製造大水池（海洋）與陸地，海洋用以儲存水；陸地用以生長青草、蔬菜和果樹。

④第四天製造星艦內的照明設備。太陽是白天用的照明設備，月亮是晚上用的照明設備。

⑤第五天製造水中的魚蝦及空氣中的飛鳥，並使他們滋生繁衍。

⑥製造星艦內的太空人，使他們管理星艦內的事務。

舊約聖經把地球號星艦及其太空人的製造者稱做上帝。上帝不僅製造了星艦（地球）及星艦上的太空人（地球上的人類），當太空人的行爲有所偏差時，上帝也會適時的給予啓示，甚至派他的獨生子來到星艦上，教導太空人。

科學界則持相反的看法。根據達爾文的進化論，認爲地球及其上的所有動植礦物，包括人類，均是由最單純的粒子開始演化，從單細胞到多細胞，從低等生物到高等生物，滿足物競天擇，適者生存的自然律而慢慢演化而來的。從各地的出土文物及考古的研究來看，對於地球號星艦及人類的形成，較傾向於達爾文「進化論」的說法，而聖經中「創造論」的說法和考古學的發現到目前爲止偏差較大。

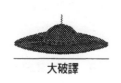

雖然如此，進化論的觀點目前也受到相當大的考驗，問題出在人類的演化史上出現了一段空白，至今仍然無法解釋。因爲考古學家發現從十萬年前的尼安德塔人，到三萬五千年前的克羅馬儂人之間找不到任何人類演化的證據。克羅馬儂人和現代人幾乎沒有兩樣，但因克羅馬儂人是否從更早期的原人所演化而來，現仍缺乏有力的證據，導致現代人類的起源也有了爭議。

在進化論無法解釋現代人類的起源情況下，創造論的觀點也重新被考慮。有一派的學者認爲克羅馬儂人是外星人以先進的基因工程技術在地球上所培育出來的人種。他們的論點是根據人類最早的文字「書末文」（Sumer）的記載而來的。

書末文根據歷史學家的推算，應在西元前三千四百年左右即已出現。書末文記載著五千年前美索不達米亞的文物事蹟，現已出土的書末文是寫在黏土片上的，估計已經出土的黏土片大約有二十五萬個，其中百分之九十五是廟堂記錄、法院記錄、行政記錄及商務記錄等。而剩下的百分之五是關於文藝詩詞作品，在這些作品裡面有許多提到神類造人的故事。研究書末文的專家西秦（參考文獻8）指出，按書末文的字義，神類所指的即是來自天空的人。他更進一步引用書末文的記載，指出外星人曾在地球進行採礦的工作，由於採礦需要大量的勞力，而當時的地球上已有原始猿人（應指尼安德塔人）在活動，因此外星人即採集原始猿人的精子，將之置於女外星人的體內使之受胎，因而生產了大量的「人」來參加採礦的工作。後來人類繁衍眾多，反而使外星人感到困擾，他們於是融化了冰山造成大水，以便消滅一些人類。

研究聖經來源的學者發現舊約聖經的內容主要源自美索不達米亞的傳說記載，因此若西秦的考證與推斷正確的話，創世紀中所提到的上帝造人及挪亞方舟的事蹟，所指的應是外星人造人類及融化冰山造成洪水淹滅人類的書末文記載。

外星人將遺傳基因注入尼安德塔猿人中，而產生新的人類品種——克羅馬儂人，確實是一個很好的解釋說明，爲何尼安德塔人和克羅馬儂人間會有進化上的斷層。不過因爲書末文的出土黏土片大多殘破不全，造成解讀上很大的困難，因此西秦所做有關外星人造人類的推斷是否完全正確還待進一步的考古挖掘工作。萬一西秦的說法是正確的話，則其所隱含的意義是：外星人是現代人類的祖先。也許我們又多了一個茶餘飯後閒聊的話題了。

參考文獻

1. 江晃榮，飛碟新探索，帝教出版社，一九九三年。
2. 飛碟與科學季刊，第一卷第一期，一九九四年。
3. 世界幽浮大百科，將門文物，一九九二年。
4. 呂應鐘，大飛碟，慧衆文化，一九九三年。
5. 呂應鐘，大世紀，慧衆文化，一九九二年。
6. 呂應鐘，大啟示，慧衆文化，一九九二年。
7. 牛頓雜誌，四維時空的奧秘，第126期，一九九三年，十一月號。
8. 張瑞夫，人是上帝造的嗎？老古文化，一九九二年。

第3章　破譯死亡之謎

本章概要

飛碟來無影、去無蹤，它們似乎有能力突然消失或突然出現於我們所處的三度空間。人的死亡從科學的角度而言，即是由三度空間進入高度空間的一種自然界現象。但就效率來講，「死亡」是最笨的時空轉換方法。要進入死亡後的空間，何須等待死亡的到來！

進入高度時空的方法，其實不止「死亡」一途。在科技上，我們可以站在相對論的基礎上，透過佛理及易理的指引，發展簡易的時空轉換法，方便進出其他空間世界；在宗教上，我們可以透過禪定，讓意識進入靈界及其他高度空間。

人的死亡，不過是生命所存在的空間改變而已，生命的外在表徵可能是人、動物、鬼靈或神，但生命的本質是不變的，就如同水滴有時是水，有時結冰，有時又變蒸氣，外表特徵雖不一樣，但水永遠不失水的本質；同樣的道理，人雖有生死，但生命的本質也是不變的。何來生？何來死？你死了，你還是你，死又何懼之有？

陰的世界

在愛因斯坦的相對論公式中，若飛行器的速度慢慢接近光速時，飛行器的長度逐漸變短，直至達到光速時，長度化爲零，飛行器整個地消失在三度空間之中。若飛行器進一步超越光速，則相對論的所有公式都將出現$\sqrt{-1}$的虛數項，長度是虛數，連時間也是虛數。

當飛碟的速度小於光速時，我們可以看到它；當其速度到達光速的瞬間，飛碟的形體突然消失，飛碟已經進入了「虛數」的世界，或進入了中國人所謂的「陰」的世界。

一提到陰的世界，總給我們一種陰森恐怖的感覺，那是宗教帶給我們的印象。在科學上「陰」的現象是和宗教信仰無關的；在物理中，「陰」代表和物質界相對應的反物質的世界；在數學中，「陰」代表和實數相對應的虛數世界。

什麼數的平方是$+1$呢？我們知道答案是±1。我們可以用多一個蘋果或少一個蘋果來具體表示$+1$或-1的概念；但是有什麼數的平方會等於-1呢？有些讀者會說，數的平方恆大於等於零，所以不存在有任何數其平方會等於-1；有些讀者則會回答，存在某數的平方會等於-1，那就是虛數$\sqrt{-1}$。$\sqrt{-1}$的平方確實等於-1，但麻煩的是，我們在日常事物之中，找不到任何東西可以和虛數$\sqrt{-1}$相對應的。$\sqrt{-1}$是來自於反物質世界，來自於陰的世界的概念。數學家引入虛數的觀念，雖然擴展了數學的空間，但也帶來了如同宗教裏陰的世界的迷惘。你能用手比一比，什麼是虛數呢？

我們稱$\sqrt{-1}$爲虛數，因它只存在於陰的世界中；它是反物質的，於物質世界中，沒有它的蹤跡。我們雖然無法將其具體化，但卻不得不借助它的存在，才得以說明某些數學方程式的解。同樣的道理，在自然界所發生的種種的現象，也不是所有物質世界的定理可以完全解釋清楚，如果我們不加入精神或意識的非物質解釋，許多宇宙人生的謎題也是沒有解的。陰的世界或非物質的世界是令我們既信又疑，一方面物質界的科學儀器無法鑑定其存在，這使我們相信「陰世界」的說法純爲宗教界所杜撰；但在另一方面，我們又不得不認同人除了物質界的肉身外，還存在著非物質成份的精神或意識體。

物質界的肉體存在於三度空間之中，那麼非物質的意識體存在於那一個空間呢？平常我們可以看到一個人的形體，但卻看不到那個人的意識。很明顯的，精神或意識不是存在於可感知的三度空間之中。我們無法感知精神意識的存在（用科學的方法），卻又相信精神意識與物質的肉體同時存在，這中間是不是有矛盾呢？

大部分的讀者應都讀過國中一年級的數學，在國一數學中，如果出這樣的問題：

「請在實數軸上，點出一個數，這個數的平方等於－1」

這個問題的答案，對國一生而言，應爲「無解」。因爲在實數的世界中不存在這樣的數。但是在高中數學裏，我們學到了複數平面的觀念，這個平面是由水平的實數軸和由垂直的虛數軸所組合而成，這個平面上的每一個點都有陰陽的成分，也就是同時含有實部和虛部。我們回到前面的數學問題：某數的平方等於－1，試求某數。剛才我們在實數軸上搜尋，找不到這「某數」的芳蹤；如果我們不要把搜尋的區域局限在一條直線上，而將搜尋的範圍擴展到整個複數平面上，那麼「某數」就現身了。在複數平面上，滿足平方等於－1的點，共有二個，即±i

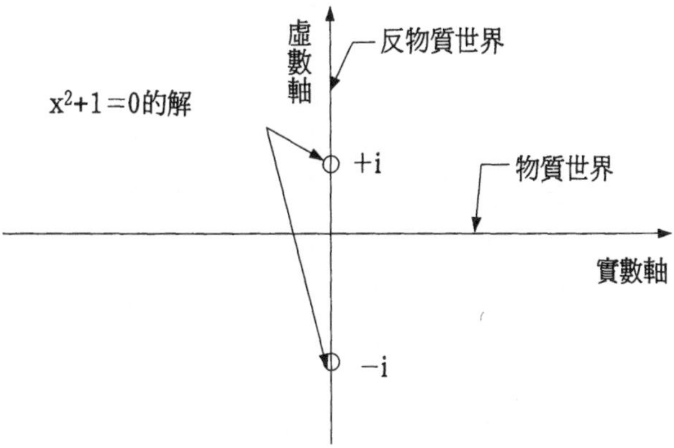

$X^2+1=0$ 的解不存於物質世界之中

其中：i代表虛數$\sqrt{-1}$。這二點剛好位於虛數軸上，一在原點的正上方；一在原點的正下方。這也難怪我們剛才在實數軸上找，都找不到它們。

上面的國一數學例子說明，「某數」的存不存在，和我們所能進入的空間度數有關。如果我們只能進入一度空間的實數軸上觀察，那麼某數是無法被看到的，此時我們說某數不存在；如果我們能進入二度空間的平面觀察，那麼某數將無所遁形，清楚地出現在我們的眼前。

飛碟突然不見了，人死了，也不見了！他們到底跑去那裏？所謂「不見了」，是指他們消失於我們所居住的三度空間之中，但是他們仍然存在於更高度的空間中。這正猶如前面的例子，某數不存在於一度空間的實數軸上，卻存在於二度空閒的複數平面上。

如果科學的發展，使我們可以進入更高度的空間，那麼我們可以不必等到死亡，隨時隨刻都可以去拜訪我們逝去的祖先；隨時隨刻都可以看到幽浮外星人或神仙在高度空間中的生活。

相對論提出「相對時間」和「相對空間」的觀念，其實物質又何嘗不是相對的呢？我們把在三度空間之內無法感知的事相稱爲反物質；當這些反物質在四度以上的空間顯現時，對四度以上的生命體而言，這些反物質是眞眞實實可以被感知的物質。由於空間層次的不同，對物質的定義與感覺，也會有不同的結果。「陰間」對物質界的人而言，是極其抽象的概念，但對於另一空間層次的生命體而言，則又可能是一可身歷其境的具體環境。

死亡的科學意義

從科學的角度而言，「死亡」是生命由三度空間進入高度空間的一種現象。最接近現在這個世界的高度空間最先由愛因斯坦所發現。他所發現的是一個四度空間，是由三度的空間和一度的時間所組成，在這個空間裏面，時間和空間可以互相轉換。

除了這個四度空間以外，是否還存在有更高度的時空世界呢？目前科學界還在假設、求證的階段。

和易經所闡述的時空結構比起來，愛因斯坦的時空觀就顯得小兒科了。易經對於宇宙時空的構造，提出二個大原則：

(1)陰陽相容：任何時空世界都是由一陰一陽的子空間所結合而成。陽相對於實數，陰相對於虛數。

(2)層層化衍：太極生兩儀，兩儀生四象，四象生八卦，八卦演萬物。此爲大空間分割爲小空間的程序。

易理將有形、無形宇宙用一個六度空間加以描述。此六度空間可拆成分屬陰、陽的二個五度子空間，即所謂的兩儀。每一個五度子空間，又可各別拆成分屬陰、陽的二個四度空間，因此共可產生四個四度的子空間，此即所謂的四象，而其中的一個四度空間，就是愛因斯坦所發現者。每一個四度空間再進一步拆成分屬陰陽的二個三度子空間。於是四象共分衍成八個三度空間，即所謂的八卦。八卦的其中一個三度空間就是我們現在所居住的世界。

我們現在所處的三度空間是陽性的，就是數學上所講的實數空間，或物理上所講的物質空間。在八卦中有另外一個三度空間是和現在我們所屬的三度空間相對應，它是屬陰的，就是數學上所講的虛數空間，或物理所謂的反物質的空間。此陰陽二個空間互相重疊在一起，彼此間沒有空間的距離他沒有時間的距離，但存在有能階差。這個能量場間的差距，使我們不能覺知陰間（反物質）的事物，而不是因距離的遙遠，才不能覺知陰間的事物。

陰、陽二個三度空間合成的四度空間，在宗教上習慣稱爲靈界，也就是愛因斯坦所發現的那個四度空間的世界。在靈界上，時間的感覺和空間的感覺都是虛幻的，因爲時間可轉化成空間，而空間又可轉化成時間，此點已由相對論所證實。

人的死亡，不過是生命所存在的空間改變而已，人的所思所想絲毫沒有受到影響。死亡目前之所以可怕，是因爲目前所知的由三度空間進入四度空間的方法僅有死亡一途，而這個方法似乎完全是不可逆的，也就是由四度空間重返三度空間而起死回生是不可能的。

其實「死亡」是最笨的時空轉換方法，爲何我們非得要等到臭皮囊已經壞到不能再使用時，才依依不捨地進入四度時空呢？在科技上，我們可以站在相對論的基礎上，透過佛理及易理的指引，發展新的時空轉換法，方便進出於其他空間世界；在宗教上，我們可以透過禪定，讓意識進入靈界和其他高度空間。當靈界的進進出出變得容易時，生與死就沒有分別了。這個時刻在靈界的四度空間，下一個時刻又跑到陽的物質三度空間，下下個時刻又進入陰的反物質三度空間，於是人們慢慢地了解到其實生命是既沒有生，也沒有死。

易理的陰陽和數學的虛實

依據易經的學理，任何事物均有陰陽之分，而且陰陽之間沒有明顯的界限，不是一刀分爲二，這邊屬陽，那邊是陰；而是陰陽互爲包容，陰中有陽，陽中有陰。這可從太極的雙魚圖中，黑魚中有白眼，白魚中有黑眼得到驗證。

在陽的世界中，任何事物均有具體存在的表徵，可透過眼、耳、鼻、舌、身、意，加以感知，或透過科學儀器認定其存在性。但陰的事物具有反物質的性質，任何物質界的感測系統無法去認知到反物質的存在。但是我們不要誤會感知不到的事物即是屬陰的世界。以前還沒有顯微鏡的時候，人們感知不到微生物的世界，但這不代表微生物是屬於陰的世界，因爲透過顯微鏡的發明，我們可以親眼看到微生物的長相及運動。同理，我們現在所無法感知到的事物，也不見得全部是來自陰的世界，有些是可以經由科學文明的進步而鑑定其存在性的。

陰的成分無法由物質所構成的感官或儀器量測得到，這正是它神秘的地方。但是我們卻也不能因它的無法感知而否定其存在，很多現象若不藉由陰的存在，還眞的難以解釋清楚。我們是生存在一陰陽共處的世界中，陰的活動會影響到陽的活動，但偏偏我們只能感到陽的活動，因此在陽世界中，就有一些事情莫名其妙地發生了，我們只看到其在陽世界的顯露，卻不知其在陰世界中的成分。這就好像一個隱形人打了小王一下，小王只聽到啪的一聲，然後他的臉頰一陣酸麻。看不到成因，卻有具體的結果，這是陰世界對陽世界的影響。

當一個人開車，停在馬路上等候紅綠燈時，卻因路旁麵包店的瓦斯爆炸而喪命，這時每一個人都很莫名其妙，不知所以，唯一的結論是他的運氣實在太差了。爲什麼是他，不是別人呢？這是典型的只有結果，沒有原因的事件。

沒有辦法證明它的存在，但卻又不得不借助它的存在，才得以完整解釋我們所感知的事象，這就是陰的世界的寫照。

虛數在數學的世界中，也佔有相同的角色。數學家創造了虛數 $i=\sqrt{-1}$，但無法具體地說出 $\sqrt{-1}$ 到底是什麼東西，因爲在實數世界（陽的世界）中，沒有與其相對應的事物。但是在另一方面，若沒假定虛數的存在，很多數學現象即無法加以解釋。我們可以做下列的對照：

數有虛實↔世界有陰陽

實數↔陽的世界（物質）

虛數↔陰的世界（反物質）

目前的數學界認爲所有的數z，可以寫成x＋yi的型式，x稱爲z之實部，yi稱爲z之虛部。z同時受到x和yi的影響，但我們只能感受到實部x的存在（例如用尺去量得）。通常我們以一條實軸和一條虛軸，合成所謂的複數平面（參考下圖左）。在複數平面上的任意點P都同時兼具有實數x和虛數yi的部分。我們知道平面是二度的（二維的），而直線軸是一度的，因此當我們以一條實軸和一條虛軸合成複數平面時，其所代表的意義就是二個一度空間的直線（各代表陰，陽）可以合成一個二度的平面。這一點正符合易理

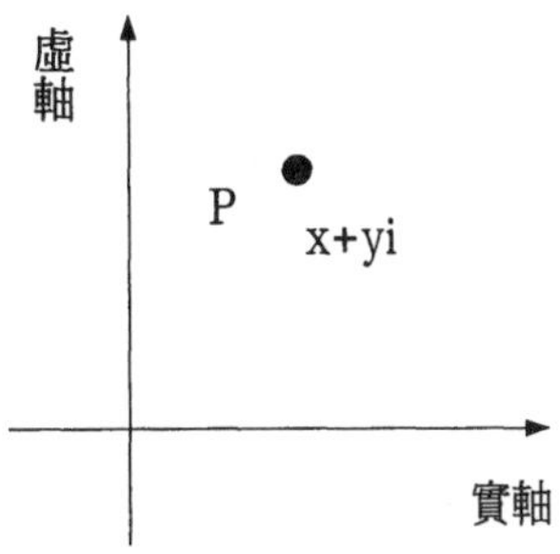

複數平面

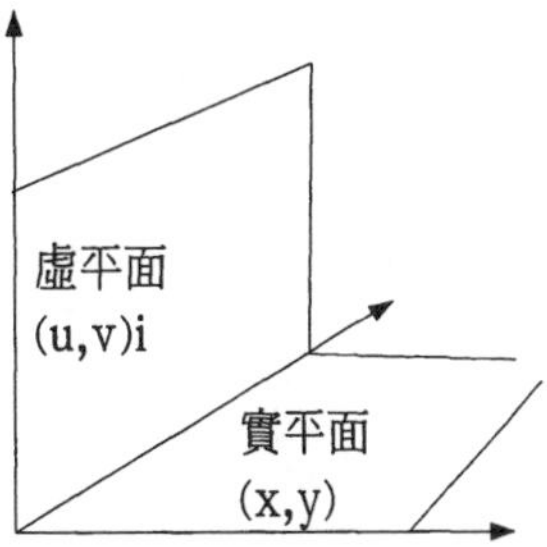

複數空間

所說的，萬事萬物皆由陰陽所組成，平面自然不能例外。

難道只有平面才是由陰陽所構成，而三度空間或四度以上的空間不是由陰陽形成的嗎？根據易理，所有平面和空間都應具有陰陽的成分。目前科學界一直無法說明反物質世界（陰的世界）的主要原因在於未能將多度空間複數理論引入到物理世界的討論中。

下面我們依據易理，將陰陽的觀念延伸到三度及三度以上的空間。我們所熟悉的三度空間是由三個實數軸 x,y,z‥所構成。在三度空間內之任意點P，我們用座標（x,y,z）加以描述。在這樣一個空間下，我們看不到任何虛的、陰的成分，因爲 x,y,z 全部是實數，如何把一個陽的（實數系的）三度空間拆成陰陽的組合呢？

其實這並不困難，我們知道二個不共面的平面，可以唯一決定一個三度空間。因此我們可以使用二個平面，一個稱爲實平面，另一個稱爲虛平面，共合成一個實數系的三度空間。實平面的座標若用（x,y）表示，而虛平面的座標用（ui,vi）表示（參考上圖右），則（x,y）＋（ui,vi）可唯一決定三度陽空間內的一個點。其實這個作法和目前數學界已知的將一個實軸和一個虛軸合成一個平面的道理，是完全一樣的。利用此一原理，我們可以在三度陽空間（實數空間）中，看到陰的成分。這符合易理所言的「陽中有陰」的道理。

運用相同的原理，我們可以把一個陰的三度空間拆成實、虛（陰陽）二個平面。此符合陰中有陽的道理，如果我們把陽的三度空間和陰的三度空間加以合成，即得一個四度空間。然後一個陽的四度空間和一個陰的四度空間又可以合成一個五度空間。如此繼續下去，任何度數的空間，均可拆成二個陰陽子空間，而陰的子空間或陽的子空間，又可分別拆成陰、陽的子子空間。如此即構成一個「陰中有陽，陽中有陰」的體系。

根據此一體系以及易理的精神「太極生兩儀，兩儀生四象，四象生八卦」，我們可以將宇宙的組成描述如下（參考下圖）：

假設太極是六度空間，是有形宇宙與無形宇宙之總成。我們可以把六度空間視爲

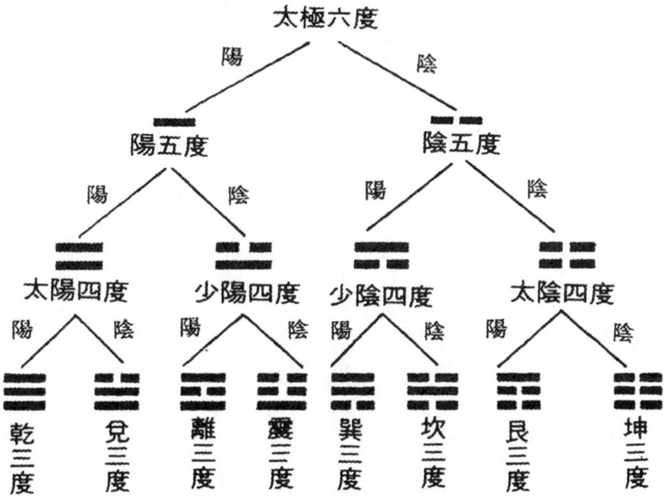

太極八卦的陰陽度數

陰、陽二個五度子空間的合成。陽的五度空間形成有形宇宙；而陰的五度空間形成無形宇宙。陽的五度空間又由二個四度的陰、陽子空間所組成；另一方面，陰的五度空間也是由二個四度的陰、陽子空間所組成。如此即構成四象，每一象均是一個四度空間。而每一個象的四度空間又可視爲二個三度的陰、陽子空間所組成，因此每一個象均有陰陽二個子空間，四個象即形成八個三度的子空間，即所謂的八卦。

每一個卦的三度空間都是事物存在的基本單位，我們據以推測宇宙內應含有八個三度空間，而我們所存在的這個空間正是這八個三度空間中的一個。平常這八個三度空間是互相獨立的，各有不同的生命型態，例如人所在的三度空間，鬼所在的三度空間，神所在的三度空間，及幽浮所在的三度空間，均各自發展，不互相干擾。

要在不同的卦空間做轉換，須具備進入四度以上空間的能力。若我們現在所生存的是屬於乾的三度空間，而我們想到達屬於兌的三度空間時，則我們必須有能力進入四象中的太陽四度空間，然後進入它的陰子空間，即兌的三度空間（參考前圖）。

如果我們要到達震之三度空間，就比較不容易了。由上圖中我們看到要進入震之空間，必須先往上到達陽之五度空間後，再往下進入少陽四度空間，然後才能切入震三度空間。

如果要從乾之三度空間到達坤之三度空間，其困難度最高，這顯示乾、坤兩卦之屬性差異最大，其間之障礙也最高。由乾三度到坤三度之空間變化過程可圖示如下：

乾三度↓太陽四度↓陽五度↓太極六度

坤三度↑太陰四度↑陰五度↑太極六度

從上面的順序可以了解，由乾三度空間進入坤三度空間，需具備有進出六度空間的能力。因此生命所在的空間度數愈高，其行動的拘束就愈低。高度空間的仙佛，可以在比他低下的空間之間切換自如；但人類若不能突破四度空間的障礙，則永遠只能在現在的三度空間內生存。依據上面的推論，我們有足夠的理由相信，到達地球的外星人，其科技文明一定遠在地球之上，因爲外星人的來源，不外下列二種：

①來自相同的三度空間：

其物質化的程度和人類差不多，但星際航行能力則超過地球人。

②來自不同的三度空間：

若外星人來自與我們相鄰的三度空間，則其必已開發成功穿梭四度空間的能力。若外星人來自一個陰陽屬性和目前三度空間差很遠的空間時，其必須具有穿梭五度甚至六度空間的能力。不過當這類來自高度空間的外星人到達地球時，我們可不一定可以看到他們，因爲他們所具有的反物質成分，不是物質組成的感官或設備可以偵測到的。

人類有多次的太空任務是要和外星人取得聯絡，但可惜結果都功敗垂成，許多太空科學家不禁在懷疑，眞的沒有外星人存在嗎？其實我們只能說在我們所處的三度空間之內，目前還我不到其他人類的跡象。但這不代表說其他的三度空間沒有生命的存在。爲什麼我們無法和其他三度空間的生命取得連繫呢？原因可能也有二個：

①若其他三度空間的生命，其文明的進化和現在三度空間的人類差不多時，那麼他們可能也像地球人一樣，如無頭蒼蠅似地，四處放射電磁波，希望和外星人取得連繫。只可惜不同三度空間之間，陰陽重重相隔，彼此是無法互通的。

②若其他三度空間的生命，其文明的發展已可突破四度空間以上的限制，那麼他們是有可能取得地球人所放出的訊息，但除非他們降低空間層次進入我們所處的三度空間，否則儘管他們已截收到地球的訊號，但我們仍無法察覺他們的存在。

我們現在所處的三度空間，佛陀稱爲娑婆世界，娑婆是不圓滿、有漏（煩惱）的意思。這三度空間的上面由一個四度空間所涵蓋，這四度空間有人稱之爲天國，有人稱之爲靈界，我們除了藉由道德的修行，提升精神層次至四度空間之外，藉由科技文明的發展，找出空間之間的變化關係，也是取得天人溝通的有效途徑。

生死的省思

中國人向來最忌諱談死。凡是和死有關係的事物均被認爲是不吉利的，是會觸人霉頭的。生與死本就是人生最重要的二件事，可惜大部分人是莫名其妙地被生出來，然後在恐懼萬分中死去。世人對死的懼怕主要來自對死的無知。

如果把一個人丟到一個完全黑暗的空間中，伸手不見五指，一片空寂沒有一點聲響，而這個人又不知他身處何地時，其內心的恐懼與無助實可想而知；反之，若這個人是被放在一個他所熟悉的空間時，儘管四周是多麼黑暗，靜悄悄地沒有一點聲響，但他心中卻是安詳的沒有一絲點的害怕，只因他對周圍的環境瞭若指掌，雖然此時他看不到也聽不到。世人對死的恐懼也是來自相同的原因。

「死」的不可理解、不可預測、不可描述，造成世人對死的畏懼。正如同在一個極度黑暗的空間中，可能並沒有任何可怕的東西在裏面，還是會使你毛骨悚然的。因此要如何消除對死的恐懼呢？方法無他，就是不斷地去討論死、去探究死，當你完全了悟生死時，你會發現生死原來是這麼自自然然的事情，看著它輕輕的蒞臨人間，也看著它悄悄地離開人間，此時你會以一顆更務實的心來面對生死問題。這正猶如一個黑暗的房間突然大放光明，你的恐懼感也隨之消失，縱使房間裏面眞的是有老虎，但你心中會比較踏實，也會變得務實，至少你知道該怎麼躲，該怎麼逃離這個房間。

了悟生死是人生一大事，其他學問可以不學，但生死學絕不可以不修。勤修生死學，點燃你心頭的明燈，照穿生死長巷，知所以來，知所以去，此乃人生不可不做的功課。反之，嬉遊終日，隨波逐流，生死學被當，心燈不燃，臨死恐懼，長巷常黑，生死無明，此無異人間之地獄。可惜在中國的教育思想裏，是沒有生死學這門學問的，要解生死，只能間接地從哲學、宗教中去尋得一些蛛絲馬跡。其實生死學並不像一般的學問，非得要正經八百地聽講才能學得的，人的一生無時無地都在修這門功課，只是有些人該聽講時不去聽，該找的資料不去找，該閱讀的不讀，連個爲何修這門功課的動機都搞不清楚，不明不白的過一生，最後也只有死路一條。

不過還好，人人到最後只有死路一條，才使世界保有光明面。許多人終其一生在追求金錢與權勢，意氣風發，不可一世，有一天他突然發現人一定會死，可是人死卻無法帶走金錢，無法帶走權勢，於是他漸漸了解生命中有些東西是空幻的。由於死的必然性，使得世人頓悟生命的空性，此乃死的一大貢獻。但此一貢獻經常來得很晚，人心常被強烈的物慾所蒙蔽，不少人須等到臨死方知萬事成空，而當其要探索什麼才是超越生死的永恆眞相時，肉體已無法配合了。修習生死學的第一步在於了解「死」所代表的空性對「生」的影響，這也是悟道的開始。許多人開始會認眞探索生存的意義時，經常是在大病一場、死裏逃生之後；或是在最親近的人離開人世之後，那種刻苦銘心之錐痛，帶給生者的衝擊才使得「無常」的思想足以在他們心中萌芽。

孔子說：「未知生，焉知死。」告訴我們了悟死須先要悟透生的意義。但從相反方向來看，一個人對死的看法與領悟，經常對其生存的態度有關鍵性的影響。第一種人認爲人必有一死，好死也是死，壞死也是死，因此其對生活的態度是及時享樂、舒舒服服地過一生，何必虐待自己呢？反正到頭都是一死！第二種人發覺人均有旦夕禍福，生命常在一線之間，昨天還是活蹦亂跳的一個人，怎麼今天突然就死了？他們漸體悟到死之無常，死之不可掌握性。這種人是比較務實的，他們會爲死預做準備，買保險，預留孩子的教育基金，甚至先買好墓地，他們比較會判別什麼是生命中有意義的事，因爲人生苦短，生命是可貴的，需好好規劃做些有意義的事。第三種人則認爲生死是因果輪迴的，他們相信「欲知前世因，今生受者是；欲知來世果，今生做者是」生時多作善事，積功累德，死後自有仙佛接引往生西方極樂世界；反之，生時若作惡多端，死後必業障隨身，六道輪迴不得超脫。這種佛教的輪迴生死觀，其影響力是非常深遠，而且遠在法律與道德約束力量之上。抱持因果觀的人們在社會上佔大多數，而他們也是社會安定的主要力量。因爲有輪迴，富有的人想多做些布施，以便來世能續享榮華富貴；因爲有輪迴，貧窮的人知道誦經念佛，勞苦心力累積陰德，以便祈求來世能脫離苦海。

由上觀之，一個人對死的看法不同，是會嚴重影響其生活的態度、影響其生命價值的判斷。中國人表面上不談死，然而死卻暗地裏掌握著每一個人的行爲特質。

懼怕死亡的潛意識是阻礙人們超脫生死情結、到達開悟境界的最大阻力。對死亡只要你有那麼一滴點的恐懼成分在內，你就無法完全坦然去面對它，談論它，因爲你還是在它的掌握之中。你會因爲死亡的存在，所以不得不去做一些事情來減輕你對死亡的恐懼感。譬如你從周圍有情生命的死亡中，領悟到死之無情與無常，因此你開始在宗教中尋找一個可以減輕你恐懼感的法門。這表面上看來好像你已脫離恐懼死亡的陰影，實際上你和那些積功累德，以求來世福報的人們，其心態上是一樣的。不是說宗教上的法門或賞善罰惡的因果輪迴有任何不好的地方，而是當你以一種慰藉心靈的態度去接受它們的時候，你已經不自覺地在你潛意識裏擬構了死亡的恐懼意識。

實際上所有減輕或試圖消除死亡恐懼的努力均是無效的，這類似在打坐時，愈想消除雜念，雜念卻愈多。不管是恐懼死亡的意念或其他的念，念只能觀不能止，你只能

「觀照」死所帶給你的恐懼，卻無法「阻止」死所帶給你的恐懼。以觀照的心看待生死是了脫生死的第一步驟。人從出生、成長、生病到死亡是他本身自導自演的一齣戲，在戲中他隨境而喜，隨境而悲。而以觀照的心來看生死這齣戲，就是除了導演、演員的角色以外，要時常以觀衆的角度來看戲。不管是眞戲或假戲，常覺得劇中人好傻，但身歷其中的人隨境的安排，喜怒哀樂自然流露，他們又何傻之有?你會覺得劇中人傻，是因你以觀照的心看戲，你的心不爲劇中之境所轉，故能窺得劇之眞相。同樣的道理，要窺知生死之不二法門，就是觀照自己的生存與生命，觀照你周遭有情事物的生與死。在一個無憂於生、無懼於死的環境中，你才開始領悟到死的眞相。

多度時空的世界

大部分人對於事物的存在，一定要眼見爲憑才能相信。五百年前沒有電子顯微鏡，所以單憑肉眼絕對無法看到分子、原子及細胞，因此在那個時代堅持要眼見爲憑的人，是無法相信分子、原子及細胞的存在，但問題是分子、原子眞的就不存在了嗎？

今天對於潛意識、靈魂、鬼神等之現象，大部分人也都堅持要眼見爲憑才能相信，我們仔細想想，這些人和五百年前要眼見爲憑才能相信原子、分子存在的人有何不同呢？他們都犯了嚴重我執的毛病。其實在我們生存的三度空間裏面，根本不可能用肉眼見到靈魂或者是鬼神的；就好像人在地面上行走，根本不可能覺察到地球是圓的道理。要如何才能看到地球是圓的呢？因爲地表是二度空間的表面，所以要先脫離二度的地表面，譬如說我們可以登高山而遠眺，坐飛機或太空梭往下看，都或多或少可以發現地表是圓弧狀的事實。同理要看到靈魂或鬼神也必須脫離人所在的三度空間而進入四度以上的空間才有可能。今天我們看不到，是因爲我們不知道進入四度以上空間的方法，而不是它們不存在。

愛因斯坦的相對論是以四度空間爲基礎而發展，但我們發現四度時空仍不足以解釋宗教裏面的某些現象，而須在五度時空以上時，諸如靈魂、潛意識、鬼神等之意念才得以存在。下面吾人先來看一下，時空維數和科技文明的關係性：

・三度空間的文明懂得飛天入海。
・四度空間的文明懂得穿越時光隧道。
・五度空間的文明懂得貫穿陰陽。
・六度空間的文明懂得操縱自然律。

目前人類的科技文明是走到三度空間文明的末期，剛要踏入四度空間文明的階段。我們所看到的幽浮外星人，似乎可以突然消失，突然出現，最主要是來自四度空間的智慧生物；爲什麼幽浮不是來自五度空間的智慧生物呢？因爲三度空間的人類慣常把來自五度空間的智慧體稱爲神。六度空間從科學上來講，具有六個互相垂直的方向（或稱爲軸）。

・第一、二、三軸代表立體空間長寬高三個方向。
・第四、五、六軸代表立體時間的三個垂直方向。

時間是「立體」的，這是中國古老易經所透露的訊息。最先把時間視爲一個獨立軸的是愛因斯坦，他認爲時間不是絕對的，時間在不一樣的空間內，其快慢也不相同。因此他將三度的空間結合一度的時間軸，而形成舉世聞名的相對論。後來大陸學者薛學潛及德國數學家卡路查（Kaluza）提出二維時間的觀念，於是形成五度時空（三度空間加上二度時間）的超相對論學說。

如果以近代科學的思想分析易理，我們發現易經所要闡述的，不外乎時間和空間二件事件。時間和空間在易理中佔有相同的份量，三度的空間可區分爲八個卦象，而三度的時間也可區分爲八個卦象。將代表空間的八卦和代表時間的八卦結合起來，即形成了

伏羲八卦

八八六十四卦。六十四卦是用六條爻線加以表達，其中下卦的三條線區分三度空間的種類；上卦的三條線則用以區分三度時間的種類。

因此八卦中的每一卦均具有雙重意義。第一層意義就是空間的指示，亦即每一卦在八卦圖中的方位，如圖所示。第二層意義就是時間先後順序的指示，亦即每一卦所具有的「數」，如先天八卦中，各卦的數爲乾1，兌2，離3，震4，巽5，坎6，艮7，坤8。這些數就是在說明時間的順序。

當我們把代表空間位置的下八卦，結合代表時間順序的上八卦時，所形成的六十四卦中，每一卦也就同時兼具了空間和時間的指示。六十四卦代表六度宇宙時空（空間三度、時間三度）中的六十四種基本現象。我們沒有辦法感知到六度時空的眞實面貌，而只能看到六度時空在我們現存三度空間內的投影。六十四卦的每一個卦都有一個卦辭與之對應，這個卦辭就是一句簡潔的話，用來描述六度時空的世界投影到三度空間時，所呈現的風貌。

繫辭是孔子研究易經的心得報告。繫辭傳第二章提到：「六爻之動，三極之道也」，其中的三極指的是天、地、人。我們的老祖宗幾千年前就知道了宇宙間的任何變化，沒有超過六個階段的。「天地之變盡於六」說明了易經的六度時空的宇宙觀。

宇宙是由陰五度和陽五度所合成的六度空間，但絕不是說宇宙可一分爲二，而成一半是陽、一半是陰的世界。陰、陽各五度所合成的六度宇宙說明宇宙內之所有人、時、地、物均是陰陽的合成，都有陰陽的成分。陰、陽不可分，正如太極圖所顯示的，陽中有陰，陰中有陽。相對於太極的陰陽組合，在物理科學的就是「波粒雙重性」。本世紀初，物理學家就發現了任何物質都同時具有波動的特性，稱爲「德佈洛依物質波」。例如電子，其本身具有質量是屬於物質，但是電子的運動卻不像一般的物質有一定的軌跡可循，只能說它是一種波動，而無法預測電子會在什麼時候，跑到什麼地方！下面吾人把有形和無形宇宙做一個比較：

我們是生活在六度時空之中，我們所看到的任何事物都同時兼具有形與無形的特性，同時兼具物質與波動的特性，也同時兼具陰陽的特性，不同的事物只是物質（陽）和波動（陰）所佔的相對比例不同罷了！

氫爲單電子原子，如前所述電子之波動性大於其物性。而人體之形成最主要爲碳水化合物，其化學組成爲碳（原子序6）、氫（原子序1）及氧（原子序8），物質性比單純的氫來得強。鬼與靈均是無形宇宙中的分子，不過它們仍具有物性。到達天人的色界，波動性已很強，只剩下少些的物性。當到達三界以上外，物性已全然消失，生命的

有形與無形世界的比較

區分	成分	屬性	維數	特性
有形宇宙	物質	陽	五	有形具無形的成分
無形宇宙	波質	陰	五	無形具有形的成分

形式完全以波動的能量顯示出來。

佛以及宇宙的主宰天帝只是擬人的用語，他們完全沒有物質的形象，而是具有智慧的能量團。但能量還是有高低的不同。宇宙主宰所具有的超級大能，吾人稱之爲鐳炁。鐳炁具有四種力，用以統御宇宙萬物，這四種力爲強力、電磁力、弱力、重力。這四力操縱著小至電子、大至銀河星團間的所有宇宙萬物。下表說明了四種力在宇宙中的任務：

鐳炁操縱著宇宙萬物，可想而知其能量是非常得高，根據目前「統一場理論」的研究，鐳炁所具有的能量相當於華氏10^{28}度（1的後面接28個0），這已非目前地球上任何高能加速器或核子反應爐所能製造的了。鐳炁是無形宇宙的最高能量，不過鐳炁確曾在有形宇宙中存在過，那是在宇宙大爆炸形成的最初10^{-43}秒內，時間非常的短。由於宇宙大爆炸形成以來至少已經過了一百五十億年，宇宙的溫度一直在下降，目前在人可以感知的有形宇宙中，常態下只能看到四種力單獨存在的狀態。

但是我們不能忘記在無形宇宙中仍存在超級能量團——鐳炁，透過重力子，它形成各星球，並控制他們的軌道；透過W和Z粒子，鐳炁控制太陽及其他恆星的核子燃燒速度；透過光子，鐳炁控制原子、分子之結構；透過膠子，鐳炁控制夸克的連結。吾人可以說無形宇宙經由鐳炁的超能操控著有形宇宙內之萬物。

爲了揭開鐳炁的神秘面紗，二十世紀從愛因斯坦以來，都在追尋宇宙的統一主宰力量，即所謂的統一場理論。五度時空的數學在一九二〇年代由德國數學家卡路查提出，它成功地證明了在五度時空的架構，重力和電磁力會自

各基本粒子的特性

	力	受到影響的粒子	活動範圍	相對強度	交換粒子	在宇宙中的任務
鐳炁	強力	夸克	10^{-15}m	1	膠子	將存於質子、中子間之夸克維繫在一起。
	電磁力	帶電粒子	無限	10^{-2}	光子	決定原子、分子，固體與液體的構造。
	弱力	夸克，輕子	10^{-17}m	10^{-5}	W&Z粒子	確定原子核的穩定性。供應燃料給太陽及恆星。
	重力	所有粒子	無限	10^{-40}	重力子	將物質組合成行星、恆星與星系。

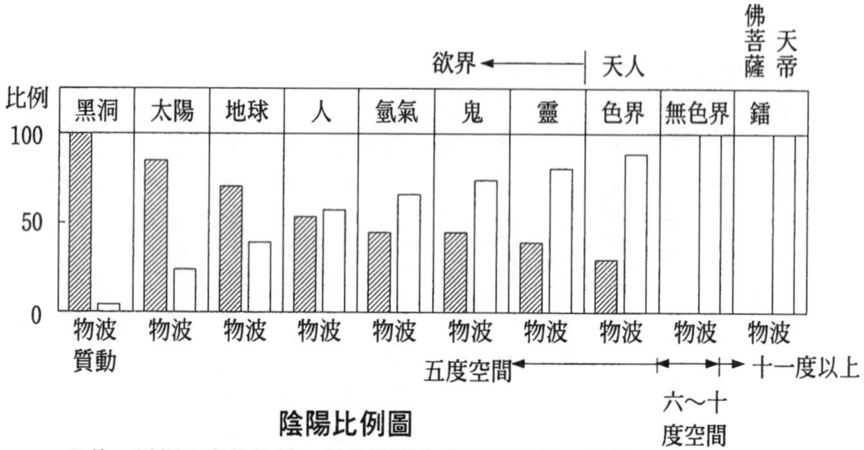

陰陽比例圖

◎註：這裡人鬼的比較，係就物質化的程度而言，而非比較其靈性或能量的高低。

動地統一。卡路查的研究成果提供了易經的科學理論根據。一九六〇年代弱力和電磁力成功地被結合，後來強力也被吸收到統一的架構裏。至於統攝強力、電磁力、弱力和重力四者的鐳炁統一能場一直到一九八〇年代才出現了一些曙光。英國的Green教授（倫敦大學）及美國加州理工學院的Schwartz教授提出的「超弦」（Super strings）理論，已初步驗證把超對稱性加到弦理論中將會顯現重力的效應。如今理論物理學家非常樂觀地表示，在二十一世紀初期，宇宙的統一能量鐳炁將被揭露神秘的面紗，在未來的一、二十年內人類將逐漸了解大自然運作的法則。

關於宇宙力量的研究，理論物理學使用非常抽象的數學，甚至對於鐳炁的研究，需要用到十一度空間才能完全描述無形宇宙的運作。十一度空間是玄之又玄，遠遠超乎人類的知覺之上。比較於西方物理界所提的十一度時空的純數學理論，易經所闡述的六度時空思想就顯得非常務實了。

易經幾千年來融入了中國人的日常生活中，準確地預測宇宙人生的百態。中國的知識份子在追求西洋科技文明的餘熱後，何妨以科學的角度審視一下我們老祖宗所留下來的智慧結晶——易經，說不定它就是打破目前物理學瓶頸的關鍵。

一般傳統的觀念均認爲東方之宗教哲學偏於無形宇宙之研究，而西方之科學則偏於有形宇宙的研究，但經過這十幾年的演變，這傳統觀念須被修正。自愛因斯坦提出相對論以來，西方科學已正式進入無形宇宙之研究。形而上學的東西已經不是東方宗教哲學的專利。其實縱使在東方宗教思想的薰陶之下，在我們的四週還是有太多人完全無法接受非物質的存在，這些人不妨先從接受空氣、無線電波、微波等無形、無色、非物質的存在入手。

對於無形界的認識，是需要去觀照領悟的，而不是強迫式的知識教育可以灌輸的。無形的重力場、電磁場，無法感知的非物質宇宙，都不是固執於物質觀念的人可以信服的，可是它們並不因其不信服而不存在。

相對論、量子力學、次原子的弱力、強力以及鐳炁等，都不是肉眼能見的，但是它們都存在。如果不是科學家們能拋開傳統意識的束縛與成見，不逐一去實驗發現，則今天我們仍將停留在無明的蠻荒中，相信地球是平的、是方的，並由一隻巨大的海龜背著浮在海面。

生命的眞相

前面我們提到要以觀照的心看生命，才能無憂於生、無懼於死。那麼經過觀照過後的生命是呈現何種眞相呢？其實生命的眞相是既沒有生也沒有死，生命之本質其實不變，但生命的形式卻有無窮多種。

這節吾人將接續上節陰陽六度時空的觀念來闡述此一事實。易經的命理之學需要知道三個事實才能推斷，亦即物、地、時三件要素。物就是要推斷其命理的本體；地、時則是對本體所處環境的描述。地指所處環境的空間所在，時指所處環境的時間刻度。從現代醫學來看，控制人體生命現象的器官是大腦，而腦波則是大腦思考的外在表現。腦波是電磁波的一種，其傳遞粒子爲光子。光子雖僅俱能量的形式而沒有質量，但現代的高能物理已可證實正物質和反物質的結合也可形成無質量的光子。因此腦波所具有的波動及能量只是其外在行爲的表現，實際上腦波光子可拆成物質和反物質二部分：

腦波光子＝負電子（物質）＋正電子（反物質）

光子能量越高，代表正、負電子所具有的電荷數愈高。負電子就是吾人平常所謂的電子，是構成物質不可再分割的單位；而正電子是存在於非物質界，並帶正電。這裏的正電子吾人姑且稱之爲和子。和子代表腦波的精神成分，而電子代表腦波的物質成分。和子在人體中即是道家之所謂「性靈」；佛家之所謂「阿賴耶識」；耶回二教之所謂「靈魂」；在動物中即是生命；在礦植物中即是生機。

生命是和子與物質界的電子結合後所產生的一種現象。這種現象則藉著肉體表現出來。宇宙間若僅有電子而無和子，即呈最單純的自然現象（僅有光、空氣、水），即動植物均無法產生。儘管目前生物化學家已可在實驗室裏，用無機物造成生物體不可或缺的四類分子（即蛋白質、醣類、脂質和核基酸），但這些只是提供生命成長所需之環境，而來自反物質界的和子提供生命的活力與靈識是物質界中的實驗室所無法創造的。

前面已提及陰、陽各五度空間結合成生命所存在的六度空間。陽的五度空間由電子組成而形成物質界；陰的五度空間由和子組成而形成靈界（精神界），陰、陽相合而成生命。此即所謂的心物一元二用論。生命是心和物的合成形態，唯心論或者唯物論均各有偏執，無法表現生命的全部。而心物二者的合成表現即爲能量，就是吾人所看到的腦波的波動。以高能物理的角度來看，心物結合成能量的程序可表示成：

●電子（物質）＋〇正電子（心，反物質）↓光子（能量）

用能量（或振動或頻率）來做爲生命層次的分類是較模糊的指標，心物合成生命，其外在表現則爲能量，但反過來，能量是否一定可分解成心和物呢？馬達可以產生很大的能量，這能量可用來驅動很多物體，但是這能量卻無法去創造新的生命。因此當用能量去界定生命的層次時，不可忽略了能量中所具有的靈識成分（和子）及物質成分（電子）。

和子所具有的靈識在西方的醫學裏被稱爲潛意識。潛意識的發現可比美相對論和量子力學而堪稱二十世紀的三大發現。最令人驚訝的是潛意識所儲存的記憶，不僅可追溯到一個人的嬰兒期，且可回溯到前生，甚至可找到數十世前的記憶。最有名的醫學案例是美國醫生布萊恩・魏斯（Brian L. Weiss）所作的報告。（文獻1）一九八〇年，魏斯醫生採用催眠法爲他的病人凱瑟琳找出她的「兒童期創傷」。凱瑟琳患了相當嚴重的焦慮症候群和恐懼症，她曾接受傳統心理治療十八個月，也吃了抗焦慮劑，但醫藥罔效。

起先催眠法雖然使凱瑟琳說了一些童年受傷害經驗，可是病情並沒有改善的跡象。魏斯醫生以爲催眠治療進行得還不夠深入，就讓她回到更早的階段，沒想到凱瑟琳居然越過了今生，跑到前世去了。凱瑟琳在催眠之下，說她自己是埃及時代的女奴，十八世紀殖民地的居民，西班牙殖民王朝下的妓女，石器時代的居穴女子。甚至，輪迴之間的「幽冥大師」與「守護神」也藉著凱瑟琳的嘴說話。在這林林總總的前世記憶裏，凱瑟琳至少活了八十六次。在治療期間，魏斯內心的反反覆覆可想而知，他震驚、懷疑，要信或是不信？他測試過凱瑟琳，確定她沒有說謊，因爲她的清醒意識並不明白她在催眠時所說的話，也不曾讀過相關的書，卻能栩栩如生地描述身處的景象，仿若一個精於考古的歷史學家。

凱瑟琳的案子結束四年之後，魏斯才有足夠的勇氣，冒著他的科學家聲譽被毀於一旦之險，寫下了「前世今生」這本書。他說：「我已經顧不了我一生的毀譽，最重要的是，我要把這些訊息與世人分享，如果世人能因此而受益，那我個人的事業又算什麼？」

類似魏斯醫師的病例報告非常多。這些學術性報告一而再地向我們訴說一個事實：生命有其變與不變的地方。生命中會改變的部分是肉體形象。生命中每一世所呈現的形象均不一樣，且不一定都以人的形式出現。生命之不變者即爲和子（性靈，潛意識，靈魂），和子具有超級記憶體，它記錄著千百世的經歷，這麼浩瀚的經歷都屬於宇宙某個獨一無二的和子所擁有。欲描述和子在六度空間之行爲我們需要六個量：

(1)空間的三個量：此三個量描述和子所在空間的長、寬、高三個尺度。

(2)時間的三個量：立體時間的概念需要三個量才足以完全描述清楚。此三個量即時間進行的快慢、時間進行的方向、及時間的虛實。快慢、方向、虛實是時間的三個自由度。我們目前所處的三度空間之內，時間完全沒有自由度，時間進行的快慢是固定的，我們沒有辦法使時間走得慢一點或快一點；時間進行的方向也是固定的，我們無法使時間倒轉逆走；在三度空間之中，除了時間的快慢、方向不能改變外，時間的虛實屬性也是不能變更的，我們無法使時間化為虛無。

在三度空間之內，時間完全沒有彈性，但當我們逐漸提高時空的維數時，時間就越顯奇妙不可思議了。在四度時空之內，時間可快可慢，這點業經愛因斯坦所證實；在五度時空之內，時間不僅快慢可調，也可逆向進行，回到歷史或進入未來；在六度時空之內，時間不僅可快可慢，可正可逆，而且可實可虛，也就是時間可為虛數而化為虛無。

在我們所處的三度空間，不能看到六度時空的全貌，但為了說明方便，作者將描述空間長寬高的三軸合而為一，設為第一軸；而將時間的快慢定為第二軸；其次再將代表時間方向與虛實的二軸合而為一，視之為第三軸。如此所得到的座標系統將如圖所示的樣子。

在圖中，我們來考慮某一和子在不同的二世，即甲世和乙世中，生命形態之不同。

①在甲世中，時間的基本單位是秒，而空間的基本長度是一公尺，近似我們目前所在的時空狀態，因此姑且將此世稱爲人世。

②在乙世中，此世的時間爲人世的1/1000，即在人世過了一秒，在乙世的空間才只過了1/1000秒；而乙世的基本長度爲一公里，代表此處的天人其身高是以公里做計算。

在六度空間上隨便定一點，這個點就有一個座標與之相應。這個座標具有六個分量，第一、二、三個分量決定了和子所在空間的大小：第四、五、六個分量，分別決定了時間的快慢、方向與虛實。

因此若天有不同的層次，其上天人的大小，時間的快慢、方向、虛實也將有所不同。

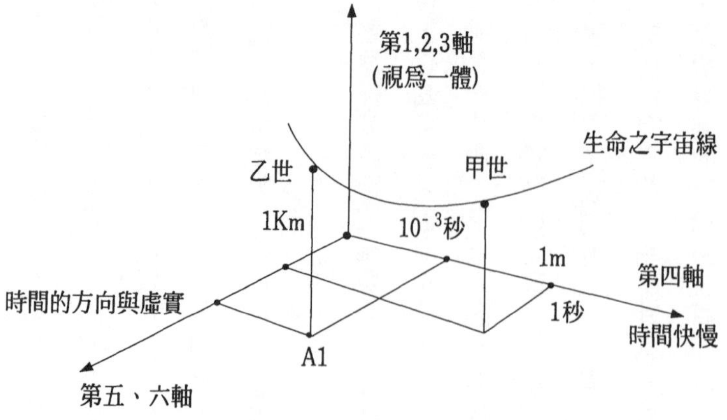

生命在五度時空中的變化

來自其他空間的生命

六度時空上的一個點即對應到一個「世界」，我們現在所處的人的世界也是其中的一個點，並且可將其定爲參考點。六度時空內的一個點均是一個獨一無二的世界，每一個世界表一種心理和生理狀態與層次。很多個世界合起來可成爲一個較大的世界，這種由小到大的世界結構，在佛經中稱爲大千世界（見圖）。

所謂三千大千世界並非三千個大千世界，三千是指三種世界的累積數，一千個世界構成一個小千世界，一千個小千世界組成一個中千世界，一千個中千世界組成一個大千世界，故名三千大千世界。實際的大千世界有無窮多個，三千僅代表大千世界的三層結構，非指其

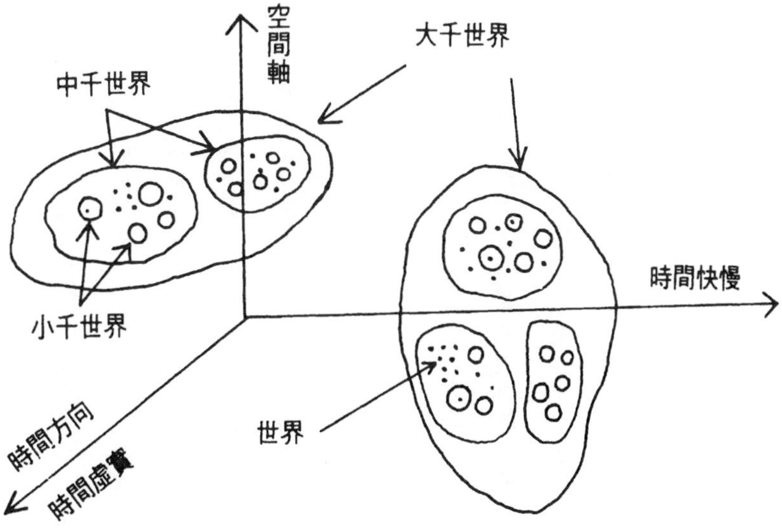

數爲三千。

一個大千世界約合百億（10^9）個世界，亦即五度空間中的10^9個點所成的集合。佛經裏面所談的世界均是六度空間的子集合，它們都是跨越陰陽，涵蓋有形、無形的區域層次，若用感官的三度空間去詮釋佛經所言的各種世界，將有很多不合邏輯的地方。關於三千大千世界的組織體系在華嚴經卷十三中有詳細的說明。我們所居處的地球，按照佛家的說法，位於欲界天之四天王天所管轄的四大洲之一的南贍部洲，此洲本身即爲一世界，地球是這世界的一小部分。南贍部洲所在的大千世界稱爲娑婆世界。娑婆世界只是無量數三千大千世界的其中一個。

在六度空間看地球，和在三度空間看地球，兩者是不一樣的，以後者的觀點而言，地球是太陽系的一部分，而太陽系是本銀河系的一部分；本銀河系又是本星團的一部分等等之包含關係。此爲三度空間有形宇宙之包含關係，它只是根據空間的大小來劃分，而無法分辨不同世界之間，時間快慢的不同、靈覺層次的不同。六度時空中，大千、中千、小千各世界的劃分是同時考慮了空間、時間、靈識層次之不同，其包含的範圍較廣，劃分也較爲具體客觀。欲界各天的時間快慢、空間尺度大小和地球上時間和空間觀念的不同，請參見八十五頁。

表中說明欲界六天之各種時空量。如身長在描述空間的大小，衣重在描述物質化的程度（物質化愈強，衣服愈重），壽歲在描述時間之快慢。

其中身長以華里爲單位，衣重以兩或銖爲單位（一兩爲四十八銖，即一錢約爲四・八銖）；壽歲則以天年計：一晝夜的時間是指各天一晝夜的時間化成人間約合多少年。以化自在天爲例，此天之天人其身長爲二・五華里，衣服的重量爲一銖（約合 0.2 錢），壽命有八千天年，而此天之一晝夜的時間相當於人間的八百年。若以地球人的眼光來看，身長二・五華里約如阿里山一般高，可見此天之空間度量非常大，縱使有一位化自在天的天人站在我們面前，我們根本就不知道他是什麼，正猶如我們站在阿里山的腳下，除了樹木和岩石外，我們根本不知道阿里山的外形是什麼。

其次觀察化自在天天人的衣服重一銖，約合地球人夏天衣服重量的五百分之一，其身長如山一般高，但衣服重卻只有人類的五百分之一，可見此天天人的質量也很輕，如羽毛般飄飄然，其肉體物質化的度約只有地球人的五百分之一。此天之一晝夜約合人間八百年，而八千天年的壽命相當於人間歲月二百億年。據天文物理學家的估計，目前人類所處的宇宙世界其壽命約有一百五十億年，可見化自在天的天人可活得比現在宇宙的年歲還要更久。

我們再回想一下，化自在天只是最低層天界——欲界天內的一個天層，是和人類所處時空點很接近的一個點（一個世界，請記住在六度時空內的一點一世界），但其空間大小的概念、物質化的程度，以及時間快慢的觀念皆和地球人類的認知有很大的差別。如果我們再往上比較色界天及無色界天之空間、物質、時間之特性，其和人類的差異性可能遠超乎我們可以想像的範圍。

對於那些喜歡以「眼見爲憑」來判定事物存在性的人而言，要他們相信神或外星人的存在可能相當困難，因爲神或外星人所在的六度時空點，和我們現在所處的時空點不一樣，其大小或物質化程度也和我們不同，縱使他們出現在我們面前，我們還以爲那是一片輕飄飄的雲，或是一粒微小的沙塵。

仔細想一想，人確是非常執著於五官知覺，連對神或外星人也先自我設定成如人一般的樣子。如果人類一直以人的特性去推想神和外星人，則人可能永遠無法和神或外星人取得連繫。

生命的本質——沒有生也沒有死

其實不管是人、鬼、神或外星人都是生命的一種狀態，神佛在天界上的生存，正猶如人在地球上生活一般地自然。雖然我們的肉體在不一樣的生存空間（即不一樣的六度空間）會以不一樣的形態表現出來，但人腦意識的和子卻永遠跟隨著我們。當我們是人時，和子的記憶體便記錄著爲人時一切喜怒哀樂的感受；當我們死去又不幸成鬼時，和子也記憶著當時的惶恐與無助；而當我們修行有所精進，得道成仙時，和子就記憶著成仙的喜悅與成長。

腦波的組成粒子——和子，自從宇宙形成以來即已存在，和子記憶著混沌初開以來所有累積的知識與智慧。和子所具有的超級記憶庫，即使是目前全世界最大容量的電腦也無法與之比擬的。

從以上的分析，我們可以確定的是生命的本質——和子（靈識、阿賴耶識、潛意識）是不變的，是永遠跟隨著我們的，但我們的外在形態卻會隨著所處宇宙時空點的不同，而呈不一樣的特徵。人的生命可用一滴小水滴的故事來描述。有一滴小水滴落在河流裏，流進了水庫，又隨著水管流到了小明家的水龍頭，小明打開了水龍頭要沖洗被弄

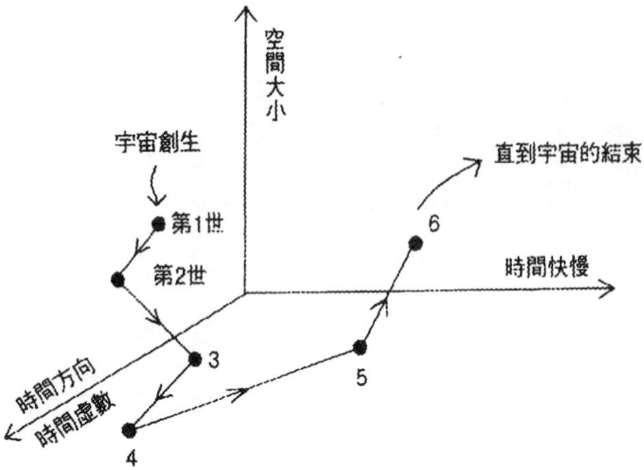

生命在六度時空中進展順序

髒的皮球，可憐原來明亮晶瑩的水滴，現已沾滿了油污與黑點，然後被排到又髒又臭的排水溝，再注入河流中。冬天來到，河流中的水滴都結成了冰，等到春天來臨時，小水滴才又恢復自由行動，流入大海。然後又蒸發形成雲，最後又凝結成小水滴落到地面。在整個過程中，雖然小水滴以不一樣的型態出現：流動的水、凍結的冰與蒸發的水蒸氣，但我們知道水的基本成分是不變的。

生命在六度時空宇宙內的輾轉相承，生生不息，其道理和小水滴的歷程是完全一樣的。生命的外在表徵可能是人、動物、鬼靈或神，但生命的本質是不變的，就如同水滴有時是水，有時結冰，有時又變蒸氣，外在特徵雖不一樣，但水永遠不失水的本質。人雖有生死，但生命的本質——和子（靈識、阿賴耶識、第八意識、潛意識）卻是不變的。右圖所表示的折線1→2→3→4→5→6，即代表某個生命在六度空間中奮鬥成長的歷程，每進展到一新的點，就是代表前一生命型態的死亡；而脫離前一個點（不要忘記：一點一世界），而進入另一新的世界，此即生命以另一種新的型態誕生。到此，我們可以把生命做如下詮釋：

我們所看到的每一個生命都是獨一無二的，都是生生不息的；我們所看到的生命的生與死都只是假象，都只是外在型態的改變而已。其實生命的本質是不變的，每一個生命個體都可追溯到其原來如如不動的眞面貌。生命本就是和宇宙一體的，何來生？何來死？你死了，你還是你，死何懼之有？

參考文獻

1.「前世今生」，布萊恩・魏斯，譚智華譯，張老師出版社。

第4章 破譯生命輪迴之謎

本章概要

世人對於輪迴的看法是建築於宗教信仰之上。我們信仰某一宗教，而這一宗教告訴我們生命有輪迴，於是我們就認為生命的確有輪迴；我們信仰某一宗教，而這一宗教告訴我們，根本就沒有輪迴這回事，於是我們認為生命真的是沒有輪迴。於是乎輪迴的有無，就隨個人的喜好與信仰而定了。在這一點上，我們似乎又回到了哥白尼的時代，有人相信地球是宇宙的中心，又有人說地球繞著太陽在轉，誰對誰錯呢？那就全看宗教信仰怎麼說了！

地球的運行本就是自然界的天文現象，跟宗教信仰有何相干呢？但是在民智未開的時候，人類對於未知的神秘現象沒有共同的認知時，宗教權威的解釋就是最好的標準答案。

今天關於輪迴現象，我們人類沒有共同的認知，各自的宗教權威怎麼說，就各自怎麼信。這是標準的民智未開的行為。當然，怎好自己說自己民智未開呢？我是說幾百年後的子孫會笑我們民智未開，就好像我們在笑哥白尼那個時代的人類民智未開一樣。

做為一個科學工作者，對於目前科學的努力仍無法揭開靈魂輪迴之謎，感到十分的愧歉。輪迴至今仍是宗教界的神秘現象，這其中科學家要負一半的責任。在這一章中，作者嘗試以科學分析的方法，對輪迴做一個獨立於宗教信仰之外的探討。科學分析的方法不外乎大膽地假設，經由假設建立推論，然後檢視推論是否合理解釋既有的事實。輪迴的學理性分析，不是一下子就可以完整建立。這裡所做的，都還是最粗淺的工作，只盼能拋磚引玉，融合更多科學工作者的力量來破譯輪迴之謎。

不管科學的分析傾向於輪迴的有或無，我們相信現在的宗教界應有雅量容忍一個甚或一群哥白尼的存在。

當肉體不聽使喚的時候

一個人不管有沒有宗教信仰，一定都還贊同人除了肉體以外還有心靈的活動。有些心靈的活動，是不需要肉體參與的。也許你我都曾有過這樣的經驗，晚上睡覺到一半時，感覺好像是醒了，但很奇怪的是想要去移動手腳時，卻發現縱使出了很大的力氣，手腳仍是不聽使喚。這種情形說明心靈的活動雖然沒有肉體的支持，仍可以獨立進行。

醫生在爲病人做大手術開刀時，會將病人全身麻醉，病人被麻醉後，他身體完全失去了知覺，但我們可以從腦波圖上，清楚地看到他的大腦中仍進行著心靈活動。這個事實再一次說明縱使沒有肉體的配合運作，心靈的活動仍照樣進行。

古今中外有許多人經歷過九死一生，從鬼門關裡逃回來的經驗。從這些人的經驗報告中，雖然每個人的生活背景、身份地位皆不同，卻可以發現非常多的雷同之處。這些一直重覆出現的經驗記載來自不同的種族、不同的宗教背景，使我們很難相信這是純係巧合的結果。從瀕臨死亡中復活的人，他們共同的經驗可以歸納成如下幾點：（文獻1）

(1)當肉體痛苦達到最高點時，聽到一種永世難忘的噪音，然後感覺在快速通過一個又黑又長的隧道。

⑵通過隧道後，就發現離開了自己的身體，而變成一個旁觀者，在一個高高的地方，往下看著自己的肉體接受人工呼吸的急救行動。

⑶發現自己仍然擁有一個身體，只是這個身體的性質和留下的那個身體大不相同，好像可以看得更遠、聽到更遠的聲音，可是別人卻無法看到、觸摸到自己的身體。

⑷看到一團光，通常光剛出現時很黯淡，但很快就變得非常亮。在大量的經驗報告中，均指出這種光具有生命，且有人格，它所散發的光和熱使瀕死的人感覺完全被籠罩、被包容。這光如磁鐵一般地吸引著瀕死的人，使人毫不遲疑地追隨了它。有趣的是，雖然每個瀕臨死亡經驗的人對這個光的描述幾乎沒有什麼兩樣，但是每個人對它的稱呼卻都不一樣。基督徒把它認作基督；猶太人把它當成天使；佛、道教徒則稱它爲觀世音菩薩、神明；沒有任何宗教信仰的人，則直接稱它爲光靈。其實這些代名詞均指相同的東西，只是當事人根據其宗教信仰給與不同的稱謂罷了。

⑸隱約之中，看到已經去世的親友，並且看到電影般的巨大螢幕，全景立即地回溯一生中的大事。

⑹最後發現自己正在接近一道又像障礙又像邊界的東西，看起來似乎是現世與來世

之間的分野，然而認爲自己還是應該回到塵世去，於是又進入原先的肉體。

這些共同的情節是取至死裡逃生的人事後的回憶報告，所以當然不是完整死亡的經驗。不過至少我們可以肯定的一點是，人離開肉體後，仍然有意識存在，這個意識能思、能看、能聽，沿襲舊有的名稱，我們姑且仍稱此意識爲靈魂。

平常我們的肉體和心靈活動緊密地結合在一起，只要大腦一發號施令，肉體馬上去執行所要的動作。這樣的反應我們認爲是理所當然，所以在平時我們不會去注意。但是一旦有些時候，當大腦下達命令而肉體不聽使喚時，如上面所提的二個例子，我們就會非常緊張，以爲失去了一切，心中極度的驚嚇恐慌。其實每一個人一生之中都會碰到這種手腳肉體不聽使喚，呼天搶地都沒有回應的時候，就是我們大限到來的時刻。

人死之後，其最初的感覺即爲自由之獲得（病者覺病癒而起，被殺害者忽得解脫），但繼之而來的即爲遊蕩或狂奔。剛死之人習慣性地仍想用手去接觸物體，想要和人交談，等他發現牠的手可以穿越任何東西而沒有阻礙，沒有其他人發現他的存在而回應他的話時，他心中的無依與徬徨是可想而知的，這畢竟和生前是完全不一樣的感受。尤其是平時過於注重肉體感官享受的人，在死的瞬間完全失去對肉體的掌握，此時其所感受到的無依與徬徨更是甚於他人。

西藏度亡經對死亡的描述

西藏度亡經（文獻2）藏文的原意是「中陰得度」。「中陰」這名詞代表人離開人世之後，尚未投生之時段。西藏度亡經是一部教化亡靈的經典，藉由親人的讀誦，使得身在「中陰」境中的亡靈，解除種種「中陰險難」的恐怖，乃至證入不生不滅的法身境界，或得報身佛果，以了生死輪迴之苦。

西藏度亡經雖然是針對亡靈的思想教化，但對於在生之人也有正面的教育效果。死裡逃生的人的經驗報告只描述了死亡的前半段，畢竟他們未經歷眞正的死亡。從西藏度亡經中，我們可以了解到人死亡以後，意識的變化，以及意識所可能面臨的各種幻境。該經將人死亡以後到投生之前的這段時間分爲三個階段：初期中陰，中期中陰，及後期中陰。

㈠初期中陰

人從死亡的剎那，到約三天半或四天的時間起，能知的意識通常都屬於一種睡眠，或出神的狀態之中，不知已經脫離了人間的血肉之軀。對於遭逢意外事端而驟死的人，初期中陰的幻相最爲嚴重。他們隱約知道自己好像死了，但是他們很迷惑已死的人爲什麼可以這樣清楚地思考，一方面又迷戀原有的肉體，想要回去。

西藏度亡經對於此時亡靈的迷惑，會做如下的提示：

「尊貴的某某，在這三天半時間當中，你一直處於昏迷狀態之中，待你的神志一旦清醒之後，你會如此驚問：發生了什麼事？」

「如此一來，你就會認清你的中陰境相。那時候，整個輪迴的輪子即行轉動；那時候，你將見到的種種現象，將是種種光焰與諸部聖尊。那時候，整個天空將呈現一片深藍之色……」

㈡中期中陰

初期中陰約持續七天，就是所謂的「頭七」。初期中陰境相過後，神識由於覺知死亡已成事實，而開始體驗中期中陰境相。這個境相是由其在世之時，肉身所作種種行爲的業障造作而成的幻覺，並逐一在他面前出現。他過去所想及所做的一切，如今都成了客觀的顯示；從前用意識觀想而任其生根成長、開花、乃至結果的那些念頭，如今都以一種嚴肅而又強大的全景在他的眼前掠過。

在中期中陰階段，除非亡靈已有所悟，否則他多少總會眷戀他在世時的血肉之軀。待一旦他明白實在已經沒有這樣一種肉身時，便生起強大的願望，想要擁有一個像以前的身軀。在發心尋求的同時，生死輪迴業力也就開始啓動了，於是便進入尋求投生的後期中陰境界。

㈢後期中陰

死後約十五天，便進入後期中陰階段，如果在此之前亡靈尚未得到解脫的話，就要尋求再生或投生了。這完全取決於亡靈生前的修行功夫以及情緣業力的牽引。如果他傾向於重新回到人間的肉身生活，這個時候，他的生前生活情形便顯得越來越模糊了。他的來生可能有某些預兆，在他最初動念的當兒顯示出來。此時亡靈在返回人間之前，可能遭遇的程序有下列三種：

①如果死者的業力將他導入地獄的話，他便在那裡以一種微妙的靈體接受審判，而這種靈體雖不致受到毀壞，但卻可以使他感到無邊的痛苦。這種情形猶如常人做惡夢時，夢境中驚險恐怖，雖然醒來時，肉體完好如初，但餘悸猶存，夢中意識所遭受到的痛苦是紮紮實實逼出了一身冷汗。

②死者也許進入天道或其他某一道，待善報或惡報終了時，便再重返人間，製造業果。

③死者也可能不經過其他的歷程，而直接重返人間。此時他便見到男女交配的幻

象，接著死者終於出了中陰的夢幻世界，進入血肉之軀的子宮之中，再度回到人世經驗的清醒狀態。

以上是西藏度亡經對於人死後到投生前所謂的「中陰身」的描述。這和西方神秘思想家對於「中陰」的描述大同小異。史威丁柏格在他的名著「靈界著述」中提到精靈界（相對於東方宗教的中陰）的三種狀態：（文獻3）

第一狀態：初至精靈界仍然接近活人的狀態。常與夫妻、親子、好友見面，仍眷戀人世。

第二狀態：轉變爲靈的狀態，人性的靈性部份爲之開放，靈的個性逐漸顯現出來。

第三狀態：準備進入天界或地獄的最後階段。理解自己的靈性，選擇最適合自己的靈國。

我們可以發現史威丁柏格所說的三個精靈界的狀態和前、中、後三個中陰階段不謀而合。

靈界的時空結構

人類不管古今中外均好奇於死後的世界。不同的國家、地區，不同的宗教信仰，均有不同的與靈界溝通的方法。這些方法包括目前流行的前世催眠法；碟仙或錢仙之類扶乩字母盤；西洋靈媒慣施的招魂術與降靈會；以及中國特有的觀靈術。這些與靈界溝通的方法互有千秋，但由於施術者的道心修養參差不齊，對於靈界的描述往往又含糊籠統，難以求證，甚至經常發生施術者刻意裝神弄鬼，意圖詐騙斂財的事情。

不過確有某些靈界的溝通方法流傳久遠，具有相當的可信度。流傳於中國民間的觀靈術即爲一例。觀靈術（文獻３）舊稱「關亡」、「關落陰」或「觀三姑」。目前在台灣又有不同的分派，但溝通的方法上大同小異。關於觀靈術的介紹，坊間有專書作詳細的討論，這裡不贅述，但觀靈過程中，有一個奇特的現象，滿值得玩味，在這裡提出來，也當成我們推論靈界時空結構的楔子。

觀靈術在施行時，直接或間接參與的「人」可分爲四類：①欲進入靈界的當事人本身②在靈界的亡靈③指導觀靈過程的師父④旁觀者。透過某些特殊的儀式和咒語後，當事人開始靈界之旅。此時當事人覺得他的天庭前慢慢出現一些清晰的影像，當事人將所看到的影像講述出來，旁聽的師父再根據他的經驗告訴當事人所應採行的應對行爲。在整個觀靈過程中，最奇特的地方有二點：

(1)當事人可以同時聽到師父給他的指示，以及亡靈與他的對話。

(2)亡靈不僅可以聽到進入靈界者與他的講話，甚至可以「聽見」陽間師父及圍觀者的對話。例如圍觀者可能是亡靈的親朋好友，他們正向進入靈界的當事人詢問亡靈目前的情形，不等當事人的轉述，亡靈可以直接回答陽間圍觀者所提出的問題。

不管是靈界的亡靈或進入靈界的當事人都可以同時「聽到」陰、陽兩界的聲音。這一點似乎在暗示靈界不是在遙遠的另一度空間；不是接受施術者去到另一個空間，亦或亡靈來到我們陽世的空間；極可能靈界與陽世是完全或部份重疊，之間無所謂「來與去」的問題。（文獻4）

陽間與陰間實際上是完全重疊的！在數學上的意義就是一個三度實空間和一個三度的虛空間恰好合成一個四度空間。陽間就是三度的實空間，陰間是三度的虛空間，兩者所合成的四度空間就是靈界所在的空間。在上一章中，我們透過易理將宇宙表成陰陽相容的層狀結構。應用空間分衍原理：無極生太極，太極生兩儀，兩儀生四象，四象生八卦，八卦演萬物。無極即「道」，無法以有限維數的空間加度量，無極生衍出六度空間的太極，太極再依陰陽之理，生衍出各層次的子空間，參考下圖。

八卦所對應的八個三度空間是欲界眾生生存的空間。八個欲界空間互相獨立，空間與空間之間存有高低不等之能量差：但八個卻又是一體的，是同時存在的，無法加以具體的分割。以欲界中的人類為例，若人平時存在於乾的三度空間，但這不意謂人隨時隨刻都是在乾的三度中，相反地，人在睡夢中、在禪定中、在工作的專注忘我中，都隨時遊走在其他各個空間，所以說人是存在於多重交疊的世界中，有時在這個三度的世界，有時又在另一個三度的世界。人無法分辨，乃因這八個三度的世界並沒有實際的空間距離與實際的時間距離。

八個三度空間的差異性不是在於時間或距

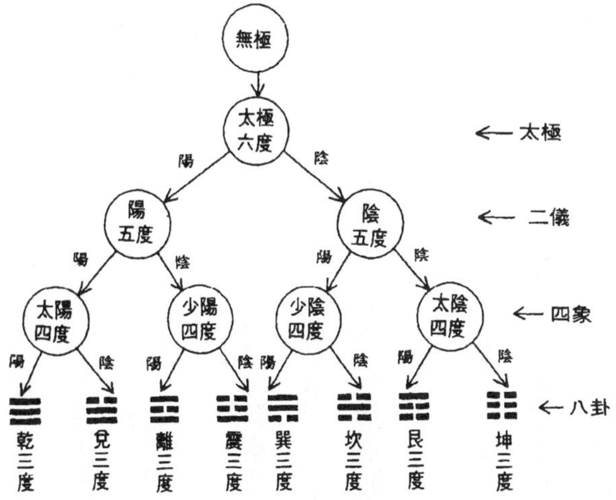

宇宙陰陽子空間的合成

離，而是在於能量的高低，或是物理中所謂振動頻率的高低。我們在平時的意識、專注時的意識、禪定時的意識，其振動的頻率（或謂所處之能量場）均不同，這決定了我們進入那個八卦空間。這種情況類似量子力學中的海森堡測不準原理，我們僅知道電子最有可能出現的軌域，至於電子確切出現在那一點就不得而知了，因爲電子不是固定於某一狀態，而是在多個狀態中來回振盪。人也是一樣的，人在八個卦象世界中來回振盪，而不是恒存在於某一封象。此乃易理中「變易」的道理。

萬事萬物都在八個卦象世界連續切換變易。我們聰明的老祖宗卻有辦法利用八卦卜筮的方法去預測萬事萬物在某一個時間，應該出現在那一卦位的三度空間世界。不管是伏羲氏的先天八卦，或周文王的後天八卦，他們都用一句很濃縮、很簡潔的話來形容每一個卦象世界的特性，這就叫卦辭。

當然我們可以用細膩的座標幾何描述八個三度空間的空間特性，但在古代沒有這樣的數學工具，我們的祖先能做的，就是把萬物出現在某一卦象世界時所呈現的種種風貌加以歸納整理，而得到共有的特性，然後再找一句最恰當的話來形容這共有的特性，這就形成這一卦象世界的卦辭。每一個卦空間都有一句卦辭與之對應，這就猶如引用現代數學工具時，我們會賦予每一個卦的三度空間一組座標系統。例如我們可以將乾三度空間的座標設爲（x,y,z），而將兌三度空間的座標設爲（u,v,w），這時候乾三度空間的特性則透過 x,y,z 間之數學關係式加以表達，而兌的三度空間的特性則透過 u,v,w 間之數學關係式來描述。

眾生均在八卦空間中輾轉穿梭變易，但由於各個三度空間的能階差，不同能階的眾生所可能出入的卦空間也有某一定的對應。例如人生前經常出入的卦空間就和人死去以後所經常出入的卦空間不同，此乃生前的意識能量（或稱振動頻率）和死後的意識能量不同，以致所對應的主卦空間也不同。當然，如前所述，這並不意謂人生前只能固定於某一卦空間，而死後只能固定於另一卦空間（有一點量子物理觀念的讀者可能比較能體會作者的意思）。

有了上面的準備知識，我們可以對靈界的空間結構做一番學理性的分析。參考下圖，此圖是在太陽四度空間附近的細步放大。在學理上來講，四象中之太陽四度空間是實係數的乾三度空間與虛係數的兌三度空間所合成之複數四度空間（陰陽合而爲一體）。此道理和實軸與虛軸合成一複數平面是完全一致的。

假設某一人生前所在之主卦在乾三度空間之內，則其去逝後，係沿路徑①回到陰陽合成之太陽四度空間，即所謂之靈界。到達靈界後，依其業力與願力，他可能存在的狀

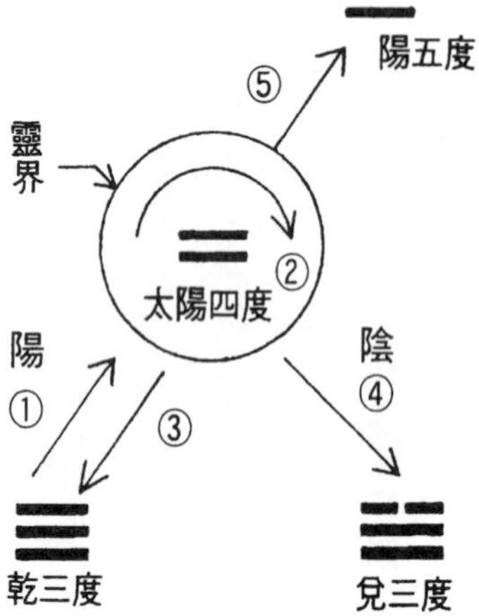

靈界的時空結構

態有下列四種情形：

⑴續留在靈界而爲靈界的精靈，即路徑②。

⑵再次投生於物質界，但不一定維持人身，即沿路徑③進入乾之三度空間。

⑶進入兌之三度空間（沿路徑④），此空間係由虛數所形成的空間，其空間內之所有結構皆對應於物質界的實空間，但卻都是反物質的，這在數學上稱爲對偶（duality）。兌的三度空間就是民間所俗稱的陰間。

⑷沿著路徑⑤進入更高的天界，即兩儀中之陽五度空間。

我們通常所謂的「輪迴」就是生命穿梭進出於不同層次空間的一種自然界現象。由於各個空間的屬性有虛實之分，能階有大小之別，

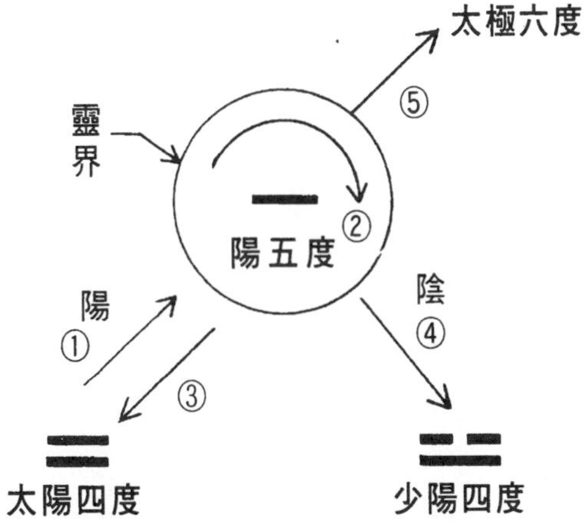

高靈界的時空結構

以致生命所表現出來的風貌也各自不同。若以數學的語言來說，輪迴就是一連串的不同空間之間的座標轉換。

以上我們是以靈界為中心，把中國道家之天庭、人間、陰間之傳統觀念，做了一個學理上的解釋。但實際上天庭、人間、陰間都只是相對性的觀念，人間住的不見得是人，而陰間住的也不見得是鬼。這一點我們根據下圖做一個說明。

前面我們談了人的輪迴現象，那麼神的輪迴又是如何呢？我們說物質界的萬物，包含人，是在八卦所對應的八個三度空間之間穿梭變易，那麼神應在四象所對應的四個四度空間之間穿梭變易。神在未到達佛之明心見性的階度，壽命均是有限的。現假設某一天人（神），其「在世」之時，主要位於四象之太陽四度空間之內，則當其「死亡」後，靈識沿路徑①回到陰、陽各四度合成之陽五度空間。陽五度空間是比太陽四度靈界更高的一個靈界。當天人的靈識到達此一界後，其往後的狀態，根據其業力與願力，也有下列四種不同的可能：

(1)續留在靈界，而爲五度空間的神靈，即路徑②。

(2)再次回到太陽四度靈界（沿路徑③），這一路徑對應於人間輪迴的「重回人間」。

(3)進入四象中之少陽四度空間。少陽四度空間屬陰，和屬陽之太陽四度空間互爲對偶。靈識進入少陽四度空間，相當於人間輪迴之「進入陰間」。但這一「天人輪迴」的陰間，可能遠遠超乎我們想像之外了。

(4)修悟明心見性，證入太極無上靈覺之六度空間（沿路徑⑤），此一修行路徑相當於人間輪迴的上「天堂」。

上面所述是「天人」的輪迴，和人間的輪迴相比較，兩者均遵循相同的自然律，均是生命穿梭進出於不同層次空間的自然界現象。我們只要注意所謂的「人間」、「陰間」、「天庭」都只是相對性的觀念，則人間與天上的道理其實都是可以相通的。

輪迴是自然界的現象

這一節要帶給讀者的訊息是：輪迴只是自然界的現象之一，就如同水加熱會蒸發、受冷會結冰一樣，不值得大驚小怪、費口舌爭辯的。輪迴轉世在佛教、古印度的婆羅門教、原始的基督教、中國傳統的道教，甚至在美洲的印地安文化中，都被大量的闡述與討論。可以說輪迴轉世的觀念對人類造成深遠的影響。

西藏密宗對於輪迴的看法是：

「世上沒有一個人、沒有一個生物，不曾死而復活過。我們每一個人，在轉生來到此世之前，不知死過多少次。因此，吾人所謂的誕生，只不過是死亡的反面而已，就像一枚硬幣一樣，有反面有正面，或如一道大門一樣，從門外看是入口，從門內看是出口。」（文獻2）儘管如此，一般人由於對輪迴沒有實際的體證，大都停留在宗教信仰上「寧可信其有」的心態。當然這要歸因於大多數人無法記得前世的經驗。我們日常生活工作所用到的記憶，通常只佔我們意識的一小部份而已；而我們的潛意識記憶，卻記錄著以往的每一種印象及經歷，而大部份的這些都不是清醒時的意識所能夠追憶到的。

藉由高度的禪定工夫或瑜伽的修行，可將潛意識的內容引入表面知覺層的境域之中，因而打開潛意識的無限記憶倉庫，喚起我們前生前世的記憶。喚起自身的前世經驗是對輪迴現象的最佳實證。目前在國內外均很流行的催眠療法也有很多案例報告，提到前世經驗及生命輪迴的現象。

最奇特的是莫過於一些小孩子沒有經過任何特殊訓練，就自然記得前世的事情。這類的記載，古今中外俯拾皆是。茲舉一典型的例子：

一九五五年在印度西孟加拉邦的坎帕村，那時候的吉普塔只是一歲半的小女孩。她經常把枕頭放在搖籃裡搖，並一直對著枕頭叫米妞。別人問她米妞是誰，她總是回答：「我的女兒。」大家以爲這僅是小女孩愛玩的家家酒遊戲，所以也沒有引起特別的注意。

在隨後三年中，吉普塔隨著語言能力的增加，經常對家人說起她以前的丈夫、女兒及一家人的生活瑣事，還說她的前生名叫瑪娜，她的女兒叫米妞，而且她以前丈夫的兄弟基圖・卡魯納現仍居住於帆德巴拉的拉塔拉，離坎帕村約十一哩。

吉普塔請求家人帶她回拉塔拉，家人從沒有聽說過有那個地方，可是吉普塔卻說她可以引路。吉普塔父親半信半疑地先託人代爲查訪，傳回來的消息是拉塔拉確有其地，而且果眞有一個叫基圖的人住在那裡。吉普塔的父親更進一步探知到基圖有一個嫂子名叫瑪娜，數年前已去世，並遺下一女兒名叫米妞。這下子，吉普塔的父親好奇心頓起，於是安排兩家人的見面。

一九五九年的夏天，吉普塔和父親一起前往拉塔拉，由吉普塔帶路，來到她前世的婆婆家，一時，親朋好友聚集圍觀，吉普塔一一把大家的名字念出來，每一個人聽到後，都覺不可思議。最感到驚訝的是吉普塔前世丈夫的兄弟基圖・卡魯納，因爲人人都叫他基圖，連近鄰也不知道他的原名叫卡魯納。吉普塔認得屋內的很多東西，家人之間的小密祕她娓娓道來，恍如瑪娜又回到了人間。（文獻5）

以上的記載是美國維吉尼亞大學教授史蒂文森所收集的數百件事例中的一件。他所收集到的這些記載一再地述說一些兒童能描述別人的住宅、工作和親屬，而被描述的人都是他們今生所不認識的，甚至有些被描述的人已經去世好幾十年了。

人的潛意識中關於前世前生的記憶，在魂識進入胎兒的肉體時，經由某種抑制的機能，在正常的情況下，這些記憶是無法進入知覺層的範圍。那些能清楚記得前世經驗的兒童，可能是這種抑制機能發生了問題，使得潛意識內的資訊跑到知覺層的範圍上來。

從科學的角度而言，「死」就是一種心靈活動和肉體運動完全脫離的現象。我們平時把心靈對肉體的操縱想得太過天經地義、理所當然了，其實從無始以來，我們的生命以心靈型態單獨出現的機會居多，而以心靈結合肉體（尤其是人體）型態出現的機會反而是少數。在佛教中有一句很有名的偈語：

中土難生，今已生；

人身難得，今已得。

就是在說明人身的獲得實在非常不容易，可以說只有百千萬分之一的機率。讀者一定會感到奇怪，如果當人是那麼不可得，則我們「不當人」的時候是在做什麼呢？我們「不當人」的時候又是在什麼地方呢？相信很多讀者對這二個問題一定非常感興趣，以下吾人提出一套學理，對這二問題做合理的說明。

生命的現象是肉體和靈識的結合表現，此乃不爭的事實。肉體是由原子所構成，而原子又是電子及六種夸克所組成。我們暫以電子做爲組成肉體的基本粒子的通稱。而靈識能與肉體緊密地結合，說明靈識的屬性必和電子相反，如此才能產生異性相吸的緊密結合效果。

我們姑且以「和子」（文獻6）做爲組成靈識的基本粒子的通稱。由於和子與電子的屬性相反，和子具有類似正電子的特性。正電子的質量和電子的質量相同，但普通電子帶負電，正電子卻帶正電。我們可以對生命做一個學理上的定義：

生命是和子與物質界的電子，陰陽結合，異性相吸，所產生的自然現象。

正和子是負責心靈活動的基本粒子，而負電子是構成物質的基本粒子，兩者互成對偶性。（參考下圖上）

宇宙內充滿了電子，電子的不同鍵結方式產生了不同的原子，而原子的不同結合方式產生了各式各樣的分子，然後才有了山川樹木、蟲魚鳥獸等動植礦物。與電子相對的是和子，和子爲一種合有陽電的質素，瀰漫於太空之間及世間各處，凡通風之處即有和子之存在，而其數量不可勝計。是以凡有物質（由電子組成，屬陰性）之處，即有和子（屬陽性）飄遊於其附近，而藉由陰陽相吸的原理，礦植物得到和子即有生機，動物得到和子則有了生命。

以人的出生爲例，嬰兒初出母胎之時，會將其附近的和子吸入體內，而第一個被引入之和子遂成爲該人之主宰而行使其權威，指揮其大腦，直至肉體死亡後，和子才恢復

生命的組成

生命＝肉體＋靈識

＝物質＋反物質

＝電子＋和子（反電子）

＝陰性＋陽性

和子平時由電子所束縛(陰陽相吸)，當肉體死亡後，和子才恢復自由。

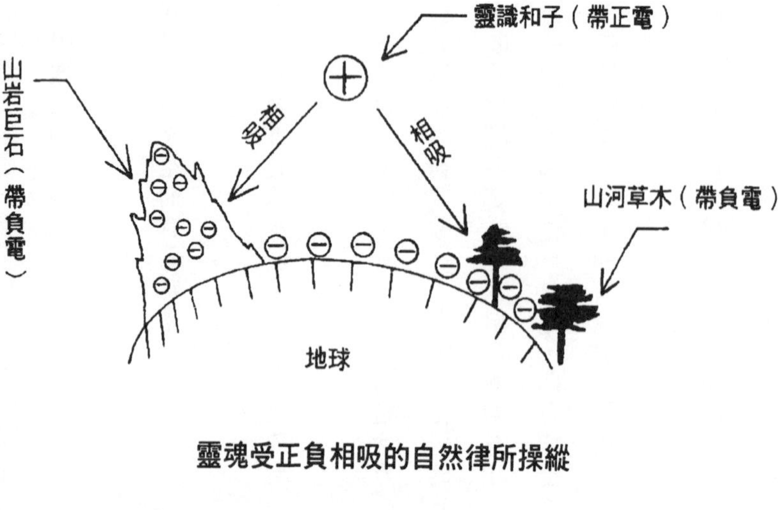

靈魂受正負相吸的自然律所操縱

自由之身。那麼爲何說人身難得呢？試想一具有靈識的和子，當其飄渺於地面之時，由於陰陽相吸的作用，其可能被礦物的電子所吸引，可能被植物的電子所吸引，也可能被雞鴨貓狗的電子所吸引，當然也可能被嬰兒的電子所吸引而成人身，但讀者試想一下，宇宙之內，有形物質何止千萬種，和子恰好被人體電子所吸附的機會有多大呢？老實講，其機會微乎其微，只能說可遇不可求。此即「人身難得，今已得」的道理。

輪迴的科學解釋

對於一個沒有自擇能力的和子而言，當其飄遊於地面之時，可謂荊棘遍地，隨時隨地均有陷阱，偶一不慎，即被物質吸入，而成爲該物質的精神靈魂，然後須一直等到該物質毀滅時，和子才得以恢復自由之身。自由之身的和子就是吾人前面所謂的以心靈型態單獨出現的生命現象，沒有物質的束縛，沒有肉體的動作配合，完全只有靈識的作用，是自由和子的特性。人剛死去的一段時間內，和子脫離肉體而獨立，且還未被其他物質所吸入之前，就是屬於自由和子，亦即佛教密宗所稱的中陰身。和子可以維持自由之身的時間長短不一，有些和子可歷經數劫而仍保有自由，這種和子就是吾人所謂的神；而有些和子剛剛脫離前一個物質體，又匆匆被另一個物質體所吸附，而重新一個輪迴的開始。（參考前圖下）

一個人若沒有修行，其死後，和子隨機式地任由其他物質體的吸附。讀者想一想，若該和子被低級電子所湊成的石塊或草木所吸入時，石塊變成該和子的新肉體，但是當和子發號施令時，這個石塊的肉體能夠做什麼呢？無動於衷！完全不聽和子的指揮。當這石塊受風吹雨淋，受大火焚燒、大海侵蝕時，和子也跟著一起受苦。

想一想這和子先前所依附的人身是多麼瀟灑自如，和子的靈識和肉身的配合可說天衣無縫，和子想到什麼，肉身則立即行動予以配合；但和子這一世卻受到石塊的吸附而結合，和子縱使呼天搶地，石塊限於物理的組織結構，是無法做出任何回應動作的。比較和子和人身的結合，和子與石塊的結合中，和子與石塊同嚐烈火煎烤、海潮侵蝕，以和子的角度而言，和子感覺好像是被封藏在一個地方（實際上就是在石塊之內）受盡水深火熱的煎熬。

如果和子與人身的結合是人間樂土的話，和子與石塊的結合無異是陰間地獄了。和子一旦被高山大海所吸附，非等海枯石爛，當永無出期。佛說所謂無間地獄，其實就是指和子被拘禁在高山、森林、岩石、大海的一種景象罷了！

沒有一個人願意死後，具有靈識的和子被高山、岩石所吸收而如地獄般地被拘禁。當然修行的目的即在於如何避免這慘事的發生，而更積極的目的則在於建立和子生命的主動性，脫離被動的無常輪迴。生而爲人若不能培養和子清輕良善之氣，而過於注重物慾之享受，必使和子爲陰性的物質電子所同化佔據，致使逝後和子沈淪地面，無法遠行，即淪爲偶然律之和子，歸於無常之命運。今生爲人，來生成爲雞犬，或爲木石，其悲慘之命運，正如佛所描述的刀山劍樹無間地獄。

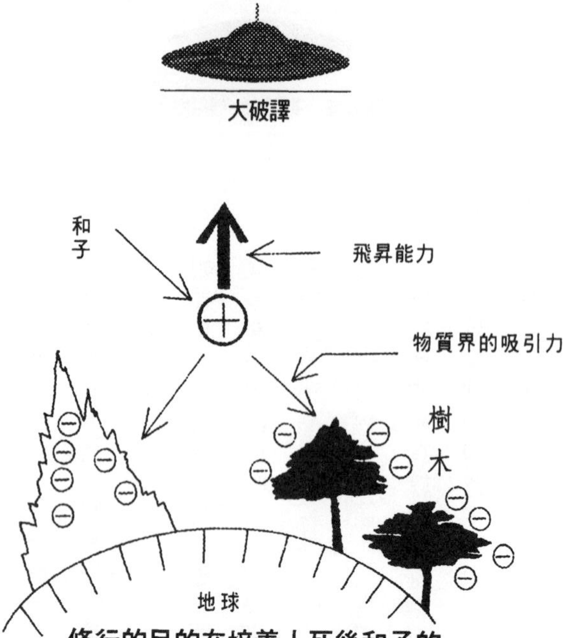

修行的目的在培養人死後和子的飛昇能力，以避免物質界電子的吸附而重蹈輪迴

因此生前不修，逝後和子即無能力，一切唯有服從大自然的支配，輪迴於無常之中，可見道德的修養，不但爲人生在世時之必要條件，更爲人生自救其靈魂及追求永恆生命的不二法門。（參考圖）

石頭公的靈異現象

到這裡吾人可以回答前面所提的二個問題：

①我們「不當人」的時候，在做什麼呢？

②我們「不當人」的時候，在什麼地方呢？

第一個問題中，所謂「不當人」是指靈識和子脫離人體的狀態，和子脫離人體以後的發展也有幾種不同之情形，而取決於和子飛昇之能力。首先吾人必須了解和子相當於電子的反粒子，它仍然受到物理定律的約束，也就是說和子仍會受到前述自然界四種力——重力、電磁力、弱力、強力的影響，其中電磁力正負相吸的力量對和子的影響很大。

一旦和子脫離人體，其他物體中之陰性電子，由於正負相吸的自然律，會自動地去吸附陽電屬性的和子反粒子，因此若和子本身沒有輕盈飛昇的能力，很容易被地面物質界的電子所捕捉，或爲石頭、或爲樹木所據有。

有一些高級和子不幸被低等的物質電子所捕捉，被捕捉後的一段時間內，由於其和子靈識尚在，有時還會顯現一些精神力量。這就形成一般民間所稱的石頭公或大樹公等靈異現象。但這種靈異現象通常無法持久，此乃因高級靈識和子被石頭或樹木的電子捕捉後，其純陽屬性慢慢被大量電子的純陰屬性所同化，而和子的靈識慢慢進入迷離恍惚的無明狀態。在外表所顯示的就是原先很靈驗的石頭公或大樹公慢慢地變成不靈了。（參考圖）

因此當我們「不當人」的時候，我們當什麼了呢？絕大部份的我們（指我們的和子）依自然界的相引定律被各類物質所吸附而成為它們的附庸，而去當了石頭公、當了大樹公，或去當了各式各樣的蟲魚鳥獸了。當然有一很小部份的我們，仍然幸運地被人類胎兒的電子所吸附，而成為該人的主宰，享受靈肉一體的美妙人生經驗。

除此之外，一部份的我們（指我們的和

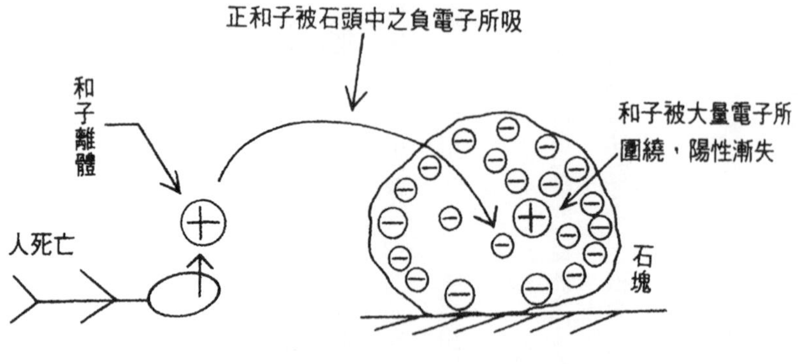

人死後帶正電的和子被石塊中帶負電的電子所吸引，以致靈魂被拘禁在石塊之中不得超脫。

子）脫離人體以後，沒有立即地被其他物質的電子吸附，而以自由和子的型態四處遊蕩，此即一般民間所稱未投胎的鬼魂，或所謂的中陰身。這些自由和子爲什麼不會立即被物質界的電子所吸附，其實是有原因的。

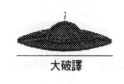

業力是自然力的一種

如前所言，和子仍受到四種自然力的作用，和子與電子間之正負相吸之電磁作用力只是其中一種。還有一種比電磁力更強的作用力稱爲強核作用力。例如電子之間就有強核作用力，將同電性的電子聚集在一起而形成原子。和子之間也有強核作用力的存在。根據物理實驗，強核作用力約爲電磁力的一百倍。因此當甲和子脫離人體後，若這和子與另一人體的乙和子建立起強核作用力的時候，乙和子對甲和子的吸引力將一百倍於其他物質電子對甲和子的電磁吸引力，而使甲和子暫時免於被其他物質的吸附。甲、乙和子間之吸引力，就是吾人所知的有形對無形的因緣感應力。吾人姑且把這種力稱爲親和力。（參考下圖上）

茲舉一例來說明和子與人之間的親和力。設有甲女日夜祈禱其已去逝的女兒乙女再來投胎。甲女祈禱時所產的念波，產生一種親力射向乙女的和子。而如果已脫離乙女身軀的和子同時也在想念其母的話，此和子將投射出和力與甲女所發出的親力互相結合而產生親和力（就是科學界所稱的同類粒子間之強核作用力）。此親和力的大小將超過其他物質電子對乙女和子的電磁作用力，而將乙女和子吸往甲女處，且一直保持自由和子之身，直到甲女懷胎臨盆時，乙女和子才進入胎兒的體中主宰其靈識。

在乙女和子進入胎兒體中之前的這段時間，乙女和子由於受到親和力的保護，雖然其他物質的電子蠢蠢欲動想要藉由電磁力吸附乙女和子，但乙女和子仍然保有自由和子之身（中陰身），直至再一次進入人體爲止。（參考下圖下）由此可見情緣業力的強大，有時更超過自然力對和子的束縛。情緣業力所造成的和子間之親和力讓一團人世世代代地糾結在一起，今生我爲父、你爲子，彼生我爲子、你爲父，情感糾纏，恩恩怨怨，輪迴不已。

在「前世今生」一書中，魏斯醫生對病人凱瑟琳的催眠記錄就指出，凡這一世和凱瑟琳有關係的人物都曾經在以前各世中和凱瑟琳有所接觸。這一現象如以和子間之親和力所造成的「人團」聚合力來加以說明的話，也就顯而易見、不足爲奇了。這就好像電子間藉由強核作用力，而將電子束縛在一起形成原子的情形一樣，和子間藉由強核作用力（即前面所稱的親和力）而形成因緣的世代傳承。

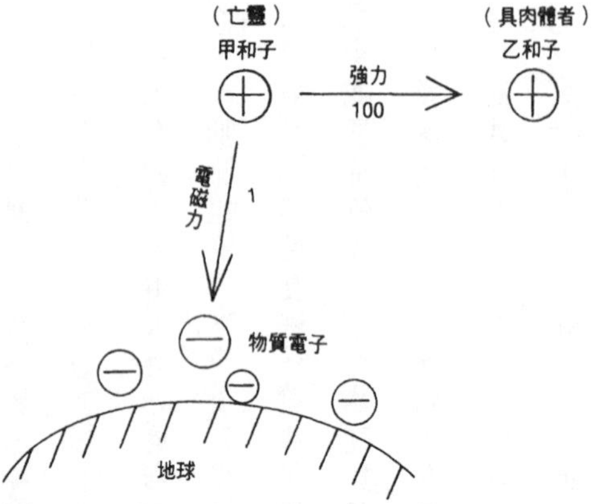

甲亡靈的和子與人間之乙和子間之親和力（物理上稱強核作用力）大於物質界電子對亡靈和子的吸引力，此乃形成甲乙間世代恩怨情緣之業力。

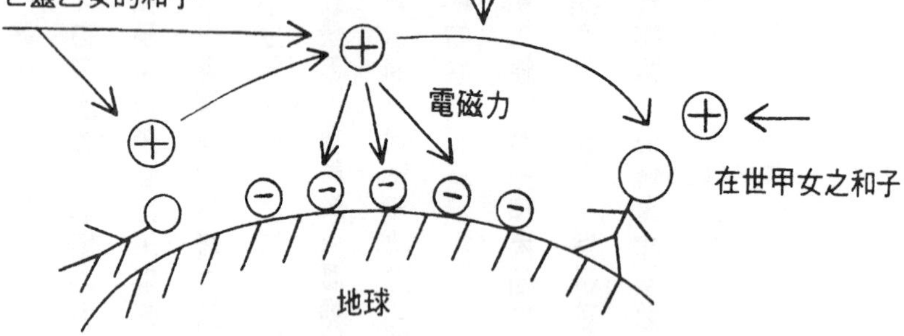
和子間之強力（親和力）大於電磁力
亡靈乙女的和子

亡靈和子與在世親人和子間之親和力大於物質界電子與亡靈和子間之電磁吸引力，因此亡靈得以不被其他物質所惑，而直接投入親人的胎中。

祭祀祖先的科學意義

某些自由和子與人之間的親和力甚至會強到掩蓋人體中原有和子的靈識作用，而鳩佔鵲巢取代原有和子的功能。這就形成一般所謂借屍還魂或靈魂附體的現象。但通常這種強烈的和子間親和力，須具備一方和子發出強烈的哀求念波，而另一方的和子有強烈接收念波的意願時，才能形成。以前一例子而言，雖甲女虔誠祈禱逝去的乙女前來投胎，但乙女和子卻無心響應，則甲女所發出的親力投向空處，得不到乙女和力的回應，因此親和力無由形成。

脫離人身的自由和子與人之間的親和力有正面的效果，也有反面的效果。正面的效果是親和力可以避免自由和子被低下物質體的電子所吸附，而被拘禁在高山巨岩或大海之中。親和力的作用將自由和子吸往與其業力牽扯最強的人身上，讓自由和子得再以人的型式繼續其下一世的輪迴。

我們歷代祖先中，他們的和子有些不慎被低下的物質體所吸附而被拘禁在刀山劍樹的無間地獄之中，後代子孫的我們，定時加以追思祭拜，其目的即在於透過在世子孫與去逝祖先的和子間之親和力，引領祖先的和子脫離低下物質體電子的束縛，走出無間地

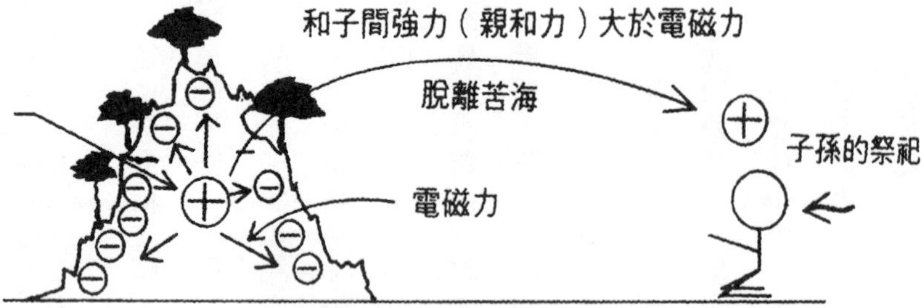
祖先的和子被拘禁在高山森林中

子孫虔誠的祭祀使得去逝祖先的和子與在世子孫和子間產生強大的親和力，此親和力大於高山森林中電子對祖先和子的電磁力時，祖先即被救出刀山劍樹之地獄苦海。

獄。（參考圖）

歷代祖先所發出的哀求念波，配合後代子子孫孫虔誠的追思，所形成的親和力如果大於低下物質體電子對祖先和子的電磁束縛力時，祖先的和子即可脫離地獄苦海（指高山、森林、岩石、大海等低下物質體），而再得人身，與後代子孫再續前緣。我們說對祖先的祭祀是一種無上功德，其道理即在於此。

神也有輪迴

前面所言是親和力的正面效果，但有時親和力也會造成反效果。假設有一人生前勤於修持，功德無量，其死後和子脫離肉身，本可輕盈飛昇免除物質界電子的吸附，從此不再六道輪迴，但是在世子孫對其百般思念，而此人的和子又割捨不去在世情緣，如此該人和子與在世子孫間即形成了親和力，此力綁住了和子使其無法輕盈飛昇，只得續留物質界，與子孫再續情緣。以上的說明，提供我們二點啟示：

(1)對於具有良好修持的親人的去逝，吾人不可過份哀傷思念而導致親和力對親人和子的約束，使其無法往更高的天界飛昇。

(2)吾人在世勤加修持，心中無所住，心中無所執，其主要目的就在於當吾人去逝時，和子脫離肉身，能放下在世的萬般情緣、萬般物緣，因而親和力無以形成，和子輕盈飛昇沒有任何阻力，從此六道輪迴不再，逍遙神遊。

人類歷代祖先中，有一些悟得修持的心法，勤加鍛鍊，死後和子飛昇，完全脫離地球物質界的束縛，超脫於地球的成住壞空之外。此類和子已達神的境界，其至少在地球存在的時間內（約一百億年）不會有輪迴。

但這一類和子仍受到太陽內電子的束縛，其只能在太陽系內自由運動，無法超越太陽系的範圍。唯有等到太陽系毀滅後，此和子才能恢復眞正自由之身，而飄渺於本銀河系之內，等待被另一個太陽系所吸附，而進行另一個輪迴，當然這個輪迴和當初在地球上的輪迴是大大地不同，這裡的輪迴是神的輪迴而非人的輪迴，而且神的輪迴其時間也較爲久遠。

上面所提的自由神雖然脫離地球的輪迴，但仍被太陽內電子所產生的電磁力所吸附，當太陽爆炸滅亡時，此自由神再一次經歷死亡，和子產生新的蛻變，蛻變後的和子即爲自由神的中陰身，等待被另一個太陽系所吸附而進行新的輪迴。自由神是一種高能量的和子，但其本身仍須不斷地修持，以降低物質成份的陰電屬性而提升反物質成份的陽電屬性。當神的陰性屬性愈來愈低時，其不僅擺脫地球物質界電子的影響，甚而擺脫太陽系物質、本銀河系物質的影響，而逍遙於宇宙星辰之間。最完美的神是純陽之體，完全由反物質所構成，所以不受物質宇宙內任何星體的影響，亦即超脫於本宇宙自然定律之外，與宇宙同壽。

仙佛感應力的科學解釋

前面提到人與人的和子之間，或人與去逝祖先的和子之間均有親和力的存在，而形成業力的牽引。人與神之間也有親和力的存在，由於神是有高能量的和子，因此人和神之間所形成的親和力遠大於其他型式的親和力。當人臨終時，一心不亂地念誦阿彌陀佛，則此人所發出的親力與阿彌陀佛所發出的和力結合後，即形成強大的親和力。

此親和力緊緊吸住脫離軀體後的該人和子，而朝著阿彌陀佛所屬的西方極樂淨土前進。雖然地球物質界的電子也同時在吸引著該人的和子，但此吸引力和人神之間的親和力比起來終究是太小了，而起不了作用，因此一心

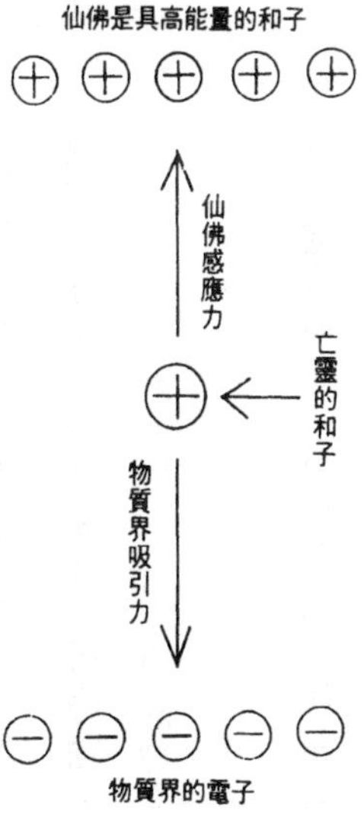

仙佛感應力是仙佛和子與亡靈和子間之親和力，強大之仙佛感應力可避免亡靈被物質界所吸引，進而避開輪迴，進入仙佛所在的樂土。

念佛，確可脫離物質界的吸引，即脫離六道輪迴，直奔西方淨土。（參考上圖）

佛菩薩都具有無量的慈悲願力，隨時隨刻散發著和力的光芒照耀在所有有情、無情的眾生上。眾生只要發出哀求的親力，不管在何時何地，均可與佛菩薩的和力結合成親合力，此即吾人所謂的仙佛感應。此親和力或感應力在我們危難時或臨終時，都將產生即時的助力。此親和力的大小取決於二個因素：

(一)仙佛的和力大小

仙佛的和力就是吾人所稱的仙佛的願力，小菩薩有小願力，大菩薩則發大願力。而菩薩所發的願力也不盡相同。地藏王菩薩的願力是「地獄不空，誓不成佛」；觀世音菩薩的願力則是渡盡人間苦難。因此關於陰陽間之超拔，吾人求助於地藏王菩薩最為靈驗；而關於人間之急難，則求助於觀世音菩薩最為靈驗。

(二)眾生的親力大小

仙佛的感應力除取決於仙佛的願力外，還與眾生哀求的虔誠度有關。所謂「心誠則靈」，指的就是至誠所發出的親力才能和上天仙佛取得感應。

眾生哀求的親力愈強，且仙、佛、菩薩所發出的願力愈強，則所形成的天人間的感應力也愈強。有關親和力的作用，吾人可做如下的歸納：

①親和力是同性粒子間之強核作用力。

②電子間之強核作用力使得陰電屬性過強的和子被物質界的電子所吸附，而形成六道輪迴。

③人的和子（即反電子）與和子間之強核作用力，即是使一群人恩怨糾纏、世代交替輪迴的業力。

④人的和子與逝去祖先的和子間之強核作用力（親和力），即是使祖先超拔地獄苦海的功德力。

⑤人的和子與仙、佛、菩薩的和子間之強核作用力，即是人與天之間的感應力。

有形的物質世界和無形的反物質世界都是大自然界的現象，都同時受到自然定律的操縱，也就是都受到強核作用力、弱核作用力、電磁力和重力四種力的影響。目前科學界著重於研究此四種力對物質世界的作用，至於此四種力對反粒子的影響，其研究正在萌芽的階段。徹底的了解自然界的運作法則，不僅有助於對物質世界的掌握，促進人類科技文明的發展，更有助於對反物質世界的了解。畢竟物質與反物質都只是自然現象的一部份，掌握自然就是掌握物質與反物質（靈性）。

人類透過對物質世界的研究，逐漸明瞭大自然界的一些運作法則，而這些自然界的運作法則同時也適用於反物質的精神世界。因此人類物質科技文明的進步，絕對有助於對無形宇宙的更加了解，進而縮短天人之間的距離。

參考文獻

1.「來生」，長安翻譯，方智出版社。
2.「西藏渡亡經」，蓮華生大士著，徐進夫譯，天華出版社。
3.「靈界著述」，史威丁柏格。
4.「輪迴過境室」，張開基，神祕探索叢書。
5.「奇聞怪事錄」，讀者文摘，一九八九年。
6.「新境界」，李極初，一九四四年。

第5章 破譯靜坐超能力

本章概要

渺渺太空之中，看似虛無，卻充塞著許多的能量。這些能量的加持，地球上的萬物才得以滋長，太陽才得以燃燒，宇宙各星體才得以規律運行。任何生命個體若無法和諧地和這些能量溝通交流時，生命即快速的凋萎。

靜坐即是取得宇宙天地間這股能量的不二法門。時常靜坐的人，由於宇宙能量（或謂天地正氣）不斷的灌輸，因此精氣神常飽滿，這猶如一顆可充電的電池，當電池快用完時，只要充電一下（靜坐一下），即可恢復電力。反之，不懂靜坐的人，猶如一顆不可再充電的電池，不管其先天體質有多好（電池有多大），其精氣神（即電力）終有用完的一天，一旦用完，即無法再補充。

因此從太空科學的觀點而言，學習靜坐就是將人變成一顆可充電的電池，而其充電的電源即是來自天地間之正氣。

宇宙爲家

人是地球的一種生物，而地球又是在太空中繞太陽旋轉的一顆行星。但奇怪的是，若說人是乘著地球號太空船在太空中遨遊時，會有大部分人無法體會這種感覺。

你可以回想一下，如果有一天你心血來潮，仰望天際看見滿天星斗時，你可曾想過距離你上次仰頭望青天，這中間已經隔了多久？地平面上就是天，但人很難得抬起頭來望天，甚至有人一年只看一次天——八月十五中秋月明時。人幾乎是所有時間都活在自己所營造的意識環境裡，隨境而喜、隨境而悲，鮮少有閒情逸致仰天思考。

人最渴望有一個溫暖的家，這個家通常有一對夫婦，有幾個小孩以及日常衣食住行所需的用品。人一回到日常的家就有一種幸福感和歸宿感。及人稍長，有機會到國外旅遊時，經過長途飛行，當飛機到達台灣上空時，人又會有一種濃厚的回家感覺，這時候的家已經由個人的家，悄悄地擴大爲國家的家。

到下個世紀，當人類已頻繁地使用太空梭來往月球及其他太陽系的行星時，回到家的感覺是當人們從外太空歸來，看到美麗的地球輪廓時。這時候的家已經由個人的家擴展到整個地球。

而當火箭推進的技術可達○・九倍光速時，這時星際旅行已是家常便飯，人類在各個不同的恆星系統間穿梭往返。在星際社會中，人類說要回家所指的是「太陽系」這個家。隨著科技的進步，人類的家是愈來愈大，而最後當人類懂得時空轉換時，人類的家是指我們現在所處的這個宇宙。

不管你願不願意相信，人類的老家就在宇宙太空。雖然這是科學發展的必然結果，但對於那些憑感覺做事的人而言，「宇宙爲家」確是有點像天方夜譚。你可曾想過，何時你才會有「台灣是我的老家」的感覺？是不是要等你旅遊世界各國後呢？又何時你才會有「地球才是我的老家」的感覺呢？是不是要等你旅遊各行星歸來後呢？這猶如一個不曾遠遊的鄉下人是無法了解爲什麼一個漂泊世界各地的旅人會認爲「台灣是他的老家」的道理。不過若單憑人的生活體驗去感覺到「宇宙太空才是老家」，可能需要再等好幾個世紀。那個時候，人類的科技可以在任意的時空尺度間作變化，也只有在那個時候，人類才會感覺到目前所處的這個宇宙是多麼地獨一無二與難能可貴。

科學是眞理的追求，但科學也極易使人們陷入以五官知覺論斷是非的假象。人的思想源自一個從出生以來就開始在累積的自我意識，這個自我意識是環繞其周圍的人事物的共同傑作。一個男人和一個女人結婚，這個男人的父親是十足的大男人主義，下班回來，一切等著太太的服侍；而這個女人的父親卻是非常顧家的人，下班回來就忙著做家事。一天當這對男女結婚後，二人就不斷的爭吵，男人認爲下班回來沒有被好好服侍，還要幫忙做家事，眞是豈有此理；而女方則認爲一個好先生就是要幫忙做家事，這乃天經地義的事情。其實在意識行爲上，這對男女可不是單獨結婚的，他們是帶著各自的父母親，總共六個人一起結婚的。

人如果不能時常以旁觀者的身分來觀照、反省自己的思想，則人愈長，他所碰到的矛盾和挫折就越多，人就變得更加無明。而靜坐就是在幫助我們暫時拋開長久以來五官、身體、大腦直覺意識的糾纏，在毫無人爲意識的控制下，去感覺自我的存在。那時你才會體會到自己是地球上一個獨一無二的生命個體，這個生命附隨著地球在渺渺太空中遨遊，經過一段時間後，又悄悄地消失於太空之中。

我們現在的教育偏向於知識的收集、資訊的累積與技巧的學習。學問的獲得和生活的體悟幾乎是不同的二回事。小學的自然課本告訴我們，人類所生活的地球是太陽系九大行星的一個，而太陽又是本銀河系中一千億顆恆星中的一個；距離太陽系最近的一顆恆星是半人馬星座的比鄰星，光從太陽到比鄰星需要花費四・三年的時間。這些基本的自然知識在我們的腦中充其量只不過是一些用來應對或考試的標準答案，我們很少能眞正用心去體悟這些自然知識背後所蘊涵的深義。學問知識用說的容易，但用心去體悟可就需要智慧了。

我們經常看到一些感情受挫或者官場失意、經商失敗的人們求助於所謂的名師時，他們所得到的答案大概類似一些勉勵的話，如放下喜惡的心、放下追逐名利的心、凡事退一步海闊天空、知足常樂便是福等等字語。這些知識性的建議對於那些心靈受創的人們有幫助嗎?他們經由一些知識性的勉勵就能放下嗎?他們眞的具備放下的智慧嗎?

佛陀爲了尋找「放下」的智慧，花了六年時間，翻山越嶺，遍訪名師，當他精疲力竭時，來到一棵菩提樹下，打坐了四十九天，剎那間，當他仰頭看見天上星辰，他得悟了，那時他知道了什麼是「放下」!

由佛陀得道的歷程，我們知道靜坐、宇宙星辰、得道這三者間似乎存在著巧妙的關聯性。人類的太空科技愈來愈進步，但在太空科學還未達完善的境界時，不成熟的科學知識見解，有時會變成知識障，阻礙了眞理的顯現。我們所需要的不是一大堆太空專業知識與術語，而是一顆消憶丸，暫時消除我們大腦中所有後天所累積的知識;以及一顆「充氣丸」，把我們的心無限制地充氣放大。這時我們才與天下萬物、宇宙星辰融合爲一體，大自然的智慧直接充貫我們的大腦，此即爲悟道的境界。

靜坐的功能就是在幫我們製造消憶丸與充氣丸，它是管道，也是橋樑，把我們的心與宇宙的心連接了起來，透過靜坐，你才有可能在你有生之年去體驗到「宇宙爲家」的感覺。

當然如果你不想靜坐，這時你必須確定再經過幾個世紀後，你又會重返人間，在那時，時空轉換的科技讓你在不同宇宙間往返自如，你才會感覺到這個宇宙才是你的老家。

靜坐的功能與意義

靜坐是講內修的功夫，而太空科學則是在探討外在宇宙星象的行爲。前者是內在的、精神的；而後者則是外在的、物質的。

宇宙的本體是唯物或是唯心，自古即有所爭議，近來的論點則漸形成「心物一元二用論」的共識。當然這得感謝二十世紀初期以來，科學的重大發展，尤其是相對論和量子力學所帶來的衝擊，使得傳統唯物的科學受到動搖，而西方科學家也漸感受到東方神秘學的奧妙。傳統三度的物質空間是無法包容精神層面的世界，唯有在高於三度的多度空間中，精神與物質才能二合而爲一。這說明了自從愛因斯坦發表相對論以後，西方科學家突然對東方的宗教哲學起了重大興趣的原因。而其癥結點在於相對論所闡述的四度時空提供了唯物傾向的科學家進入形而上學、宗教哲學領域的一個橋樑。此點在第一章「破譯佛經超時空思想」中已有論述，在此不再重覆。

儘管透過高度時空的科學描述，吾人可以逐漸了解物質和精神世界的關聯性，但目前的科學卻還無法具體地使人從物質世界進入精神世界；然在另一方面，靜坐卻是教人由肉體的物質世界進入禪定的精神世界的具體實踐功夫。這又說明了西方科學重在分析辯證而東方宗教哲學重在實踐力行的差異性。這二種思想相輔相成，缺一不可。本節想藉由太空科學的觀照，分析靜坐的目的與功能。一般人學靜坐其目的大概可分為三種：

①生活性的：修身養性，身心健康。

②思考性的：了悟眞理，增長智慧。

③宗教性的：煉神還虛，羽化成仙。

這三者中又以生活性的目的比較容易達到；有些人藉由靜坐以啓發其科學或藝術方面的靈感是屬於②思考性的目的；而道家術士藉由靜坐求得眞我之永生不死是屬於③宗教性的目的。此三目的實際上也是靜坐功夫的三個階段。

在此之前，吾人須先了解一點：宗教與科學本是無差別的，只是因人類太喜歡以肉體的感官知覺來判斷事情，才造成兩者間的差異性。有一個很有趣的現象是，縱使有很多學科學的人有宗教信仰，但他們對科學和宗教的看法有完全不一樣的邏輯，他們學科學有目的，信仰宗教又是另外一個目的，兩者不能混爲一談。

而在另一方面，部分宗教界人士雖然認同科學所帶來的物質文明，但認爲形而下的科學終究無法描述形而上的宗教思想。科學慣以感官證據論斷是非，而宗教又背負著沈重的歷史包袱，這猶如兩者均掛上近視眼睛，相見兩朦朧。其實科學與宗教都是在描述宇宙人生的眞理，只是描述的工具不同罷了。工具或許不同，但眞理卻是不變的，太執著於科學或宗教的型式，都有損於對眞理的挖掘。

欲了解靜坐的功能，我們要先明瞭人意識的作用。

人意識的作用有二種：

(1)知覺層意識的作用

透過眼、耳、鼻、舌、身、意，六識的作用與學習而取得物質世界的知識。這種學習受到人、時、地之限制，所以是區域性的、是片面的。

(2)非知覺層意識的作用

透過第七、八意識（潛意識、阿賴耶識）的作用與學習，而取得無形靈識世界的知識。此種知識是以波動的方式在傳遞，故無時、空的限制，是全面性的、整體性的知識。

而根據意識作用的不同，人類知識的來源也有二種：

(1)對物質世界的觀察

由觀察、分析、推理、建立公式、實驗等步驟所形成的科技文明，是屬於科學的、邏輯的、理性的知識。

(2)對無形靈識世界的體悟

這類知識是抽象的，無法以語言、文字、符號或方程式加以表達。是屬於宗教、哲學、藝術中形而上的知識。只能透過心的體悟才能得到。

何謂靜坐？

廣義的靜坐泛指「關閉表面知覺層（眼、耳、鼻、舌、身、意）的作用，而使得非自覺層意識層（第七、八意識——末那識、阿賴耶識）開始運作」的一切行爲。

爲何靜坐？

靜坐只是一種手段，靜坐的行爲可將知覺層意識的作用關閉，而開啓不知覺層意識的大門，此時才得以接收到無形靈識世界的知識。此知識是透過波動能量而傳遞。

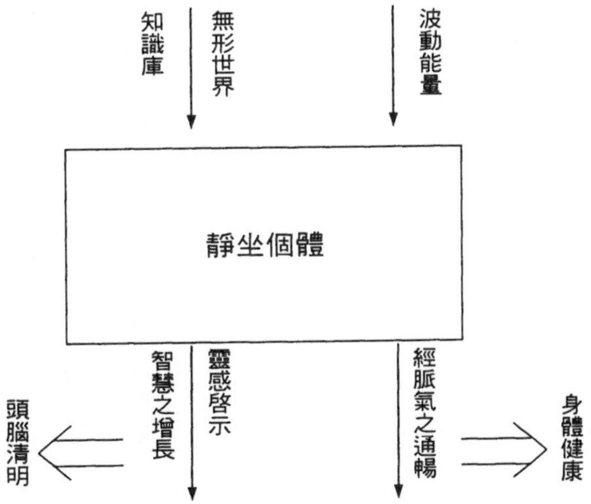

在目前社會上傳習的靜坐法門有非常多種，靜坐的方法是很多，但靜坐的要領卻只有一個：「靜心」。茲將靜心靜坐的精神與原則歸納如下，供大家參考：

一、靜心靜坐的精神（文獻1）

源自中國傳統老莊之無爲思想，不守竅，不調息。

二、靜坐是人之本能

靜坐本是人的本能之一，就像吃飯一樣，是不需人教的，只因人的業障太重，這一本能逐漸蒙蔽。

三、靜心靜坐的目的

靜坐就是要取得天地間之正氣能量——

取得少↓神清氣爽，有益健康。

取得多↓煉神還虛，得道成仙。

靜坐使人變成可充電的電池——

以天地日月爲電源，以人體爲電池，以天門爲插頭。

收音機要調對頻率才有聲音，靜坐要能靜心才能收到能量。

四、靜心靜坐六原則：三有三無

有心：需有足夠的恆心毅力，持續不斷地靜坐。
有觀照：雜念只可觀，不可強止，見心起念，如同觀魚游水。
有護法：業障深者，邪念多者，易遭各類無形靈體的侵擾，需有咒語護法。

忠恕廉明德，正義信忍公，
博孝仁慈覺，節儉眞禮和。

此二十個字包括五大宗教之精神，是人生守則，也是天地間之總咒。
無爲：儘管靜坐，好處自然來，不要刻意去想。
無學：靜坐是一門先天之學，和後天的知識無關。
無量：天地正氣充塞十界四方，心要無限包容，才能取用不竭。
若以宇宙科學的觀點來分析靜坐的功能，我們可以歸納成如下的幾個重點——

(1)人類的老家在宇宙太空

人體是由星際微塵的聚積演化而來。

(2)靜坐是對人體的充電

以天地日月爲電源，人體爲電池，天門爲揷頭（天門爲額頭前的穴道名稱）。

(3)靜坐的能量來源

能量來自宇宙背景輻射，即四〇八〇兆赫上的微波，就是所謂的天地正氣、日月精華。南少林的達摩洞，山東嶗山頂的張三丰洞，華山白雲峰下的虛皇古洞，都是吸收宇宙微波的最佳天然地形。

(4)植物是天生的微波天線

植物爲接收宇宙之氣，葉片多呈勺狀往上翹，面向太空；花朵則由湯匙狀的花瓣拚成喇叭狀而造成雷達天線的效果。電視的導線接上香蕉葉，可以接收到清晰的影像，而不需額外的電視天線。（取自一九九〇年科技報導）

(5)微波技術與風水學（文獻2）

①氣的特點是「遇風則散，遇水則止」，所以「山環水抱」形成雷達地形，可以保存收攏宇宙之氣。

②風水學的馬路、氣口、通道，相當於微波技術中的「波導管」。

③風水學的宅院及房子，相當於微波技術中的「諧振腔」。福建客家的土圓樓就是土製的微波諧振腔。

④風水學的門前障礙法及化解法，相當於微波技術中的「駐波」及「匹配元件」。

(6)靜坐如收音機，要調對頻率才能接到微波

植物吸收宇宙能靠葉片花朵；宅院吸收宇宙能靠風水；人吸收宇宙能靠靜坐。靜坐的功夫是在調整腦波頻率，使其對準微波頻帶，以便接收宇宙能量向人體充電。靜坐將人體變成一顆可以充電的電池。

(7)氣功的能量來自宇宙微波

氣功師透過打坐，收集宇宙微波於丹田後，再以氣功的方式發射微波。研究人員曾在氣功師手掌上測到功率四十六到六十五微瓦的微波。

潛意識的作用

潛意識又稱爲阿賴耶識或第八意識。阿賴耶識的原文意義就是「一切種識」，因爲它裡面含藏有一切善惡及生生世世的習性。一切眾生造善惡業時，其習性回薰第八識，種下了一個善性或惡性種子在裏面，經過一段薰習的時間，然後成熟。成熟之後，還要在裏面等待外緣的激發，才能引發外在的行爲。

人的一生之中，任何瞬間的喜怒哀樂、悲歡離合，表面上看起來是外在環境的刺激，然其源頭卻來自第八意識的種子，所以我們又說「萬法唯識」。潛意識裡的不自覺意念起碼有三種來源：

(1)由知覺層壓抑下去的本能慾念和衝動，

(2)與生俱來的本能及習性，如食、色、性、自我意識。

(3)強烈的刺激和打擊，在不自覺層的潛意識心理所留下的烙印。

這三點原因常是我們起心動念之源，下面各舉一個例子來說明：

(1)有一個國中三年級的男生，一直是老師和家長的頭痛人物，他很喜歡偷拿其他人的東西，在商店裏看見自己所喜歡的東西便順手牽羊，有好幾次被現場逮到，但警察的告誡，老師、家長的處罰責備完全沒有效，大家認爲這個孩子已無救藥了。但是一個孩子怎會憑白無故地變成無可救藥這麼嚴重的地步呢？

其實孩子是無辜的，他實際是被潛意識操縱著他的外在行爲，不自覺地把他潛意識的慾念和衝動表達出來。原來是這孩子在五歲時，看到隔壁鄰居的小朋友在玩遙控小汽車，便吵著要他父母親買汽車，也許是家庭經濟的原因，他父母親——並未買給他，於是他大哭大鬧，被他父親痛打了一頓，被打痛了自然不敢再吵著買；過了幾天，隔壁的小孩又在玩遙控汽車了，他似乎忘記了前幾天挨打的經驗，又吵著他父親買汽車給他，自然又免不了一番毒打。這樣的情形接連發生了三、四次以後，這小孩再也不敢再提買小汽車的事情了。

表面上看起來這事件到此應算結束了，但這小孩要買汽車的慾念已由直覺層被壓抑到潛意識中，並在裏面結下了種子。

當這小孩長到國三時，他看到了鄰座的同學帶遙控汽車來學校玩，這時深藏識田中的種子便開始要開花結果了，那一道渴望要、又無法被滿足的烙印被彰顯了出來，如果此時他一樣沒有錢去買遙控汽車，一些不當的手段便出籠了，以滿足來自潛意識的需求。如果大人們沒有看到他潛意識的慾念，而一味地加以處罰、責備，則這小孩將永遠活在「渴望卻無法被滿足的陰影下」。

在醫學上的催眠療法就是在找出潛意識是要什麼？是怕什麼？

(2)另外一些潛意識是與生俱來的。求生、求食、求偶、求愛及情慾的發洩都是與生俱來的。這種種慾念和行爲，不必經過學習的過程，便自然而然地產生了。有些小孩子一生出來就對音樂、對數學特別好感，這也是與生俱來的，這是他前世的記憶烙印在潛意識中特別深的緣故。

(3)第三種潛意識的來由是因爲強烈的刺激和打擊。最典型的表徵就是「一朝被蛇咬，十年怕井繩」。孩提時代被某種動物、昆蟲，甚或人嚇到，長大後常不由地對某些特定的東西感到懼怕，這都是潛意識在作怪。

「阿」在梵語中指的是「心」。「賴耶」（LaYa）在梵語中指的是「積藏」。阿賴耶識就是心所積藏的一種意識。吾人生生世世的業及今世從出生到現在所記錄的經驗全部都已進入我們的潛意識層面，也就是所謂的「因」或種子。種子在裏面成熟後，等待外緣的激發，才能引發外在的行爲。人的一生之中，任何瞬間的喜怒哀樂、悲歡離合，表面上看起來是外在環境的刺激，然其源頭卻來自潛意識的種子。

阿賴耶識記錄著前世今生的所有「業」與「因」。「因」與「外緣」的結合即成

「果」，「果」就是我們人生的遭遇，也就是「命運」。所謂「萬法唯識」即指所有人世間的有形、無形事理，其根本且唯一的來源是阿賴耶識。阿賴耶識造就萬事萬物。

人生的際遇是根據阿賴耶識這一劇本所編導出來的一齣戲，若阿賴耶識記錄著善的劇情（善因），我們自然遭遇善的劇情（善果）；反之，若潛意識記錄著惡的劇情（惡因），惡因與外緣的結合自成惡果。所謂「凡人怕果，菩薩畏因」就是指菩薩怕任何不好的起心動念在阿賴耶識上種下惡因，進而導致將來的惡果。

靜坐實際上是一場和意識間的對抗。初學靜坐的人需先脫離「眼耳鼻舌身」五識的誘惑，再進入第六的自覺意識，而後逐漸進入不自覺的第七和第八意識。吾人平常所謂的「止觀之學」用以觀念止念的方法，實際上就是和潛意識的溝通與了解。

念是無法強力去阻止的，愈止，念愈強，心愈亂。止念一定要找到它的源頭，即它在潛意識中所對應的識種子，把它拿出來觀照一下，說得更白話一點，就是把識種子拿出來瞧一瞧，問他恐懼什麼，擔心什麼？需要什麼？和它一起面對問題，而不是故意去逃避它、去壓抑它。當你和潛意識站在同一邊去面對問題時，念自動就消失了，因為你已經完全了解它、容納它，它知道你，你知道它，一切的抗爭與執著已經沒有必要了。

催眠療法也是利用相同的原理，在病人於被催眠的狀態中說出他潛意識所遇到的困難與障礙，醫生記錄分析後，再針對潛意識所提出的問題和病人作討論，以打開病人心中的結。

當靜坐不再起任何雜念時，就是當潛意識中所有的恐懼與需求完全被接納了解時。這時你心中將非常的清明，你不僅看到今生你在潛意識所播下的種子，你更看到你無限的前世中所播下的種子，而此時你所擁有的智慧不單是你從出生後所培養，而是擁有從宇宙創始以來即存在的這個靈識個體的智慧。這就是禪定的最高境界——明心見性，直通宇宙識之大覺層。

經常靜坐的人，會覺頭腦較以前清明，而作事情的判斷、工作的處理上似乎也較明快。其實靜坐確是可以增長人智慧的，這種智慧不是來自於後天的訓練，而是取自於潛意識的寶藏。潛意識是各種本能的大倉庫。當自覺層的意識停止活動時，潛意識蘊藏的各種本能，自會針對外來的刺激而付諸行動。西方哲人柏格森（H. Bergson）曾說過：「一個人有要在面臨重大危難和考驗的時候，才能發掘出蘊藏在意識活動外衣之內的眞正靈魂，足以產生超人的力量。」經常靜坐的人由於和潛意識的交流和溝通較頻繁，因此無形之中，生命的潛能也容易激發出來。一切偉大事功，思想、文學、藝術、科學都是在精神統一、全神貫注下完成的，因爲此時自覺意識停止活動，而使不自覺的潛意識付諸行動，而產生奇蹟。

經常靜坐能夠喚起我們潛意識中的超能量。平常我們很少和潛意識做溝通，以致我們天生俱有的一些能力，也隨著我們年歲的增長而逐漸淡忘。這種情形，可以用下列的故事來比擬。

一隻象的故事

一隻小象從叢林中被抓走，賣給了馬戲團。小象一開始不聽話，經常被鞭打、被挨餓。後來牠漸漸學乖了，只要聽話就有東西吃。及至小象長大成幾噸的大象後，只要一根細細的繩子，就可以限制牠的活動。

•問題

綁住牠的究竟是腳上那條有形的繩子？還是牠小時候用身體、頭腦、整個生命所記住的那條無奈、無助與痛苦的無形繩索？

•引伸

許多人總覺得生命中有一種無力感，覺得自己被環境、被現實限制住。事實上，環境與現實就如同大象腳上那條外在、有形的繩索，綁住我們的並不是那些外在、有形的現實環境，而是烙印於內心深處，在成長過程中許多無形的限制。（文獻3）

靜坐就是打破這許多無形限制的不二法門，而讓內在潛能得以自由發揮；靜坐使得我們的生命重生，超越世俗人爲的限制，正猶如馬戲團中的大象又被重新釋回大自然叢林中，天生的潛能得以逐漸恢復。

我們學習靜坐就好像是在打掃心田，使心鏡能夠乾淨明亮，而潛意識的光芒也才得以透過這片明亮的鏡子反射出來。打掃心田即指擺脫物累情牽和自我意識的困擾，此時潛意識才會開始作用。

大詩人、大藝術家及大宗匠，廢寢忘食，銳意求進，精神過分集中，會不期然而然的擺脫自覺意識的糾纏，進入精義入神的超覺境界，在這一刹那他們的心與境冥，物我不分，精神活動的領域無限擴大，遠遠超越四度空間的經驗世界。一切偉大的善行、智慧的花果、第一流的文學藝術，都是在這種精神境界下產生的。但是話說回來，因爲潛意識的活動如羚羊掛角，無跡可尋，詩人靈感之顯現如電光石火一閃即過，不知何所從來、何所從去；然而靜坐與潛意識的接觸卻是持續不斷的，不像工作上的靈感雖也源自潛意識，但它是一閃即過，可遇不可求。靜坐對於工作上需要源源不斷靈感的人是非常有幫助的。

覺識層次的變換包含從幽隱難測的深層覺識延伸到極端敏感的表層覺，以及在兩者之間的「悶絕」、「昏睡」、「睡意惺忪」、「醒覺」和「尖銳的明覺」等不同之層次。遠在幾世紀之前，東方的靜坐禪定已有了控制心理和生理功能的方法。現代醫學利用腦波圖所作的研究證明靜坐能夠改變腦波的頻率。腦波的改變代表覺識層次的變換。靜坐功夫深厚的人可以隨意改變腦波的頻率，藉以轉換覺識的層次。腦波的波長越短，頻率越高，放射性的能量越強，故能穿越各種三界九地，天、人、鬼、畜等精神層次。

（文獻4）

收取外界影相的官能，佛家稱爲前五識，包括眼、耳、鼻、舌、身爲內心與外境交通的樞紐，相當於收音機的收聽器、照相機的鏡頭。開始靜坐以後，代表前五意識的長波頻道即陸續關閉，而自覺層的中波頻道即自動開啓，吾人平常所謂的心電感應和他心通，就是透過中波頻道（即第六意識）和他人的思想取得接觸。當禪定又更深入時，中波頻道也關閉，而短波頻道隨之開啓，此時內心可以和五度以上空間無形宇宙之超經驗世界交通，而溝通的對象則爲各天的天人。超短波頻道的開啓可以和佛國淨土相交通，但這需要超高的能量，除了靜坐的修持外，還需配合宏大的願力和鏞炁的加持。

這一節中關於潛意識的介紹，我們可以歸納如下幾個重點，以做爲本節的結束：

(1)潛意識記錄自無始以來個人的資料。

(2)人生的際遇、命運均寫在潛意識的劇本上。
(3)要能改寫潛意識的劇本，才能發揮生命的潛能。
(4)要多和潛意識溝通才能接收好的因，去除壞的因。
(5)靜坐是和潛意識溝通最有效率的方法。

生活化的靜坐藝術

靜坐的要領只有二個字「靜心」，而靜坐的施行則要不離生活。

①生活化的靜坐

(1)在生活中學習靜坐：坐車、等車、等人、中午休息或早上下床前時，均可用來靜坐。

(2)在靜坐中美化生活：靜坐消緩暴燥的脾氣，減輕煩惱憂心，使人笑口常開。

②生活需要充電

靜坐是一種充電的行爲，以天地正氣（宇宙能量）爲電源，以天門爲插頭，而使人體變成一顆可充電的電池。不會靜坐的人，猶如一顆不可再充電的電池，不管其先天體質有多好（電池有多大），其精氣神（電力）終有用完的一天；反之，懂得靜坐的人，只要靜坐一下（充電一下），即刻精氣神飽滿。

③靜坐的最高藝術

眞正的靜坐不能自外於日常生活，靜坐的最高表現乃在於日常生活中須臾不離禪定，即所謂的「行住坐臥皆是禪」這個道理。

④靜坐的內涵

靜坐是一種冒險，是人類頭腦探險到一個眼、耳、鼻、舌、身、意無法掌控的地方。這個地方叫禪定，在禪定中沒有行動，沒有（知覺層）思想，沒有情緒。

⑤禪定的內涵

若以湖面做比擬，禪定的湖面像鏡子，平靜無皺摺；起心動念的湖面則興漣漪；心情澎湃的湖面則波濤洶湧。

⑥生活的內涵

生活是六根（眼、耳、鼻、舌、身、意）相對於六境（色、聲、香、味、觸、法）所做出的一連串反應。六境猶如種子，六根猶如溫床（或稱爲識田），種子落入田中開花結果後，即形成人在日常生活中的七情六慾表現。

⑦心的作用

種子落入溫床中還要澆水施肥，才會發芽成長，這心的作用就好比是水肥的助長功能。單有六根及六境而沒有心的作用，則缺乏水，種子不能發芽；亦即情無以發，慾無以長。裸體的漂亮女人（六境之色境）被眼睛（六根之眼根）所感知，是藝術亦或色情，單看心要不要起作用。

⑧構成七情六慾諸煩惱的三要素

(1)要有外境的刺激（即六境）。

(2)要有感受的機能（即六根）。

(3)要有心的助長。

三要素同時存在才得以構成煩惱。種子（六境）落入識田中（六根），加上心的灌溉後開花結果，這一程序即所謂「造業」。有人在批評你（六境中之「聲」境），碰巧被你聽到（六根之「耳」根），於是你「心」在盤算，等一下如何修理他。此乃一標準的造業程序。

⑨消除煩惱的方法

(1)遠離外境：遁隱山林，離群索居，故可避免紅塵干擾，但此非一般世俗人之所能爲。

(2)減弱感官機能：使眼不能視，耳不能聞，固可減輕對外緣之攀附，但此有違自然之道。

(3)抑制心的助長作用：此即爲靜坐的功能。

⑩靜坐的功能

(1)靜坐是由前六意識（六根）進入第七意識（末那識）及第八意識（阿賴耶識）的橋樑。阿賴耶識是「眞我」的所在，是儲存先天記憶及先天智慧的地方。

(2)靜坐所進入的禪定狀態就是指心在阿賴耶識的狀態。

(3)在禪定中（第八意識）因已遠離六根（前六意識）的影響，自然沒有七情六慾諸煩惱；另一方面，在禪定中由於受到先天智慧的薰陶，自然福慧增長。

⑪何爲阿賴耶識

「阿」在梵語中指的是「心」。「賴耶」（LaYa）在梵語中指的是「積藏」。阿賴耶識就是心所積藏的一種意識。吾人前世的業及今世從出生到現在所記錄的經驗，全部都已進入我們的潛意識層面；也就是所謂的「因」。

⑫阿賴耶識的作用

阿賴耶識是一部超級大電腦記憶庫，記錄著前世今生的所有「業」與「因」。「因」與「外緣」的結合即成「果」，「果」就是我們人生的遭遇，也就是「命運」。所謂「萬法唯識」即指所有人世間的有形、無形事理，其根本且唯一的來源是阿賴耶識。阿賴耶識造就萬事萬物。

⑬和潛意識溝通的二種方法

(1)催眠法：由醫師引導，是被動的。病人於被催眠中，說出他潛意識所遇到的困難與障礙，醫生記錄分析後，再針對潛意識所提出的問題和病人做討論，以打開病人心中的結。

(2)靜坐法：主動地與潛意識溝通。學習靜坐好像是在打掃心田，使心鏡乾淨明亮，潛意識的光芒才得以透射出來。

⑭潛意識與靈感

(1)工作上的靈感雖也源自潛意識，但它是可遇不可求。

(2)靜坐與潛意識的接觸卻是不斷的。經常靜坐的人由於和潛意識的溝通交流不斷，靈感源源不絕，生命的潛能較易被激發出來。

⑮靜坐與腦部的開發

靜坐的目的小則通關過節，祛病延年；大則可完整地開發腦神經系統，喚醒潛意識的記憶網路，使之恢復功能。更甚者，可達至喚起生生世世的記憶軟體及資訊。

⑯靜坐對生活的影響

(1)初識禪定者：靜坐的感覺法喜充滿，然下坐後，雜念煩惱即湧現。在靜坐與不靜坐間，情緒有明顯的差異存在，此階段者，靜坐的影響僅止於「坐的當時」，效果不容易從日常生活中察覺，這也是部分初識禪定者半途而廢的主因。

(2)中度禪定者：禪定的喜樂已可延續至下坐之後，對於六根的依賴及六境的執著逐次減輕，生活上知足常樂，氣質上清心寡欲，思想上從小我觸及大我，可謂「觸目皆是有情」；「春有百花秋有月，夏有涼風冬有雪，若無閒事掛心頭，便是人間好時節」，此乃中度禪走者心性之最佳寫照。

(3)深度禪定者：已無進或出禪定之區別，而是生活中行住坐臥須臾不離禪定。心不隨境轉，視萬物爲己出；一言一行間均發散著大智大慧、大慈大悲的光芒。

⑰給初學靜坐者的建議

(1)地方要清靜，氣流暢，磁場強。

(2)明師指點，經驗相傳，勝於自我摸索。

(3)初期要努力，慢慢地靜坐變成生活的一部分，如吃飯睡覺一般，是不須要努力的。

(4)靜坐中要放鬆，不要集中精神，不要控制頭腦，只要靜靜地看著大腦，不要去干涉，不要有任何判斷或評價。

⑱結論

初學武功的人，要一招一招慢慢學，但高手都知道上乘的功夫是沒有招式的（無招勝有招）。初學靜坐者常會覺得靜坐很麻煩，要找對地方，要找對明師，要注意許多禁忌，其實這無非要減少一些不必要的自我摸索罷了。一旦領略靜坐的精神後，靜坐的實施是不限時地的，或乘車中、或辦公中、或午休中，幾分鐘的靜坐快樂似神仙；久而久之，靜坐的快樂蔓延到日常生活中，知足常樂，笑口常開，此方爲生活化靜坐的眞諦。

靜坐是出離生死的不二法門

八種意識代表八種不同的腦電波，而腦電波也是電磁波的一種，電磁波是經由光子傳播，我們特別把傳播腦電波的粒子稱爲和子。

腦電波的頻率愈高，和子的能量也提高（中間呈正比例的關係）。當和子停留在前五識的時候，其能量最低。一般眾生沒有特別的修爲與靜坐禪定的工夫，其靈識的和子能量一直維持在最低狀態的能量，完全無法超越欲界六道的能量障蔽，而一直在六道中輪迴。

當人一旦開始打坐以後，其和子逐漸爭脫五識之束縛，而開始進入不自覺識，此時腦電波的波形會有相當的改變，而和子的能量越過六道的能量障蔽，進入色界的四個禪天。由第六到第八意識的運作，和子的能量逐次提高，且和子所在環境由有形宇宙慢慢過渡到無形宇宙。當和子能階到達無色界四空天時，其間之天人完全是以第八意識在談話溝通。

很多人打坐時常會覺得靈異之侵擾，其實那並不是靈異在侵擾我們，而是當我們靈識和子的能量到達某一階段時，已經自然進入某些低層次的天界，所以正確來講，是我們人的靈識誤闖靈異所在的天界。所以吾人常說靜坐到某一階段以上時，須有明師指導，才不致誤闖天界而受魔考。

也許有人會疑問，爲什麼靜坐會使腦波的頻率變高，使和子的能量提高？亦即爲什麼靜坐時之人體可以吸收天地間之能量？這主要原因是微中子與和子間之能量交換。當前物理學家都承認有一種空虛無實質的輻射能，從宇宙各方面射向地球而來，每一秒鐘以千兆粒計算，這種空虛無一物的東西，名爲微中子（Neutrino）。是一九四八年物理學家甘模（G. Gammow）所發現及命名，它比電子小了二十至八百倍不等。當它速度極大時，就會產生一種力波。

這些微中子無時不在穿射過我們的身體，而我們毫無感覺。由於它小到接近於無形，它的能量並無法被人體所吸收，只有一個例外，就是我們的腦電波傳遞粒子——和子。和子可以經由能量交換而接收微中子的能量。當靜坐禪定的功夫愈深時，腦波的頻率愈穩，和子愈容易捕捉到微中子，因此和子能量愈增加。打坐到一定境界的人會感覺到金黃色的光芒，這就是和子與微中子正在進行能量的交換。

不過微中子可以提供給和子的能量有一定的極限，它頂多使和子到達無色界的四空天（第三十到三十三天），在三十三天以下，都是屬於受自然律操控有輪迴的宇宙。不過要達到無色界的四空天，也已不容易，那已是天人的境界，有輪迴也是數萬劫才會經歷的。至於要達到佛的境界，和子除了交換微中子的能量外，也需來自膠子W、Z粒子的能量。這些粒子不像微中子一樣大範圍地分佈，它們只有在一些特殊的地方，如磁場強大的地方才存在，而且膠子及^{+}W、^{-}W、Z粒子的能量遠大於微中子。當和子可以同時接受微中子、W、Z及膠子的能量時，其已進入六度之空間，和子的智慧已與大自然的智慧接通，並且不受自然律的影響。

在有形的三度空間，肉體無法做超光速的星際旅行，人類唯有藉修行來提高和子的能量，當人肉體毀敗時，和子可以自由飛行，其能量越高，可運動的範圍愈廣，飛行之方向感越強。

肉體 →	和子 →	修行 →	星際旅行
有形	無形	有形之靜坐	穿梭有形無形
（假）	（眞）	（藉假修眞）	

前面已提及宇宙的主宰能量——鐳炁，它含有全部基本粒子之能量，所以若和子能直接得到鐳炁的能量，確可使一平凡的和子一步登天，不過終究鐳炁之能量太強，普通和子在它照射之下即刻化爲烏有，須先將鐳炁做層層反射之下，才能爲和子所吸收。

在第四章「破譯生命輪迴之謎」中，我們提到代表靈識的和子在肉體死亡後，即脫離肉體而出。由於和子帶有正電，極易被物質界的負電子所吸引而進入動植礦物中，形成永無止境的輪迴；或是肉體死亡的和子被其他人類的和子的「強力」所吸引，而進行生生世世恩愛情仇糾葛不清的輪迴。這些陷入六道輪迴的和子，由於本身不具有能力，只能處處在自然律的操縱之下，聽天由命。

如何讓和子在肉體死亡之後，獲有足夠的能量，能輕盈高升，擺脫物質界電子的吸引，擺脫人類情愛的束縛，乃脫離輪迴的關鍵所在。而透過靜坐吸收宇宙能，使靈誠和子持續不斷的充電。當和子電力飽滿充足，自能一舉沖天，擺脫自然律的操縱，逍遙自在。

在第四章中，我們曾提到人死後，其亡靈和子將受到下列四種力的影響：

①情緣業力

此力即爲去世亡靈的和子與在世子孫的和子間之親和力（強核作用力）。情緣業力使得一團人世世代代恩怨糾纏不已。

②物緣業力

此力爲去世亡靈和子與物質界電子間之電磁正負相吸力。當此力變成主宰時，亡靈將進入動物界或其他低等生命體內而進行輪迴。

③仙佛感應力

此力是仙佛高能量和子與亡靈和子間之親和力（強核作用力）。當此力夠大時，將可超過情緣業力與物緣業力的向下拉力，而直升仙佛所在之樂土。

④和子本身的飛昇能力

前面三種力都是外來的，而和子本身的飛昇能力卻取決於亡靈生前的修行工夫；飛昇能力強，表示和子主導自己命運的能力愈強；反之則沒有。

無修行的和子，其命運就隨由自然力（即前面的三種力）來處置了。

此四種力中，仙佛感應力與和子自身的飛昇力是向上的；而情緣業力與物緣業力是向下的。當仙佛感應力與和子飛昇力二力的合力大於情緣業力與物緣業力的合力時，亡靈和子即脫離輪迴，而進入天界。（參考下圖）

因此脫離輪迴，須有下列的合成效應：

(1)增加仙佛感應力。

(2)增加和子本身飛昇能力。

(3)減低情緣業力與物緣業力。

為了達成如上的效應，在日常生活中，我們必須：

(1)經常拜佛、誦經、禱告以增加仙佛感應力。

(2)從靜坐、修行中學會「放下」，放下名利、放下權勢、放下恩怨。如此才能減輕情緣業力與物緣業力。

(3)從靜坐中獲得來自宇宙的能量，才能增加和子的飛昇能力。

綜合言之，以靜坐獲得能量，以修行學得放下，以拜佛、誦經、禱告取得感應，為我人類回到宇宙故鄉的三大法寶。

參考文獻

1.「靜坐要義」，李極初著，帝教出版社。

2.「風水與科學」，張惠民著，學鼎堂方術新書。

3.「擁舞生命潛能」，許宜銘著，生命潛能文化出版。

4.「一元多重世界觀」，李杏邨著，慧炬。

附錄 A

相間的相對性

現在吾人來看一下，爲何狹義相對論所根據的光速定値假設會引發相對的時空觀。考慮一航行器正以V的速度在前進，航行器內有一實驗箱高 h，一光子從箱子的底部垂直向上發出，記錄其到達箱頂的時間爲 t（對航行器內的觀察者而言，參考圖）；另一方面對外面靜止座標系的人而言，光子的路徑是由A到B的直線（考慮航行器的速度V），而其所花費的時間爲 t 。並注意不管是A′到B′或由A到B，光子的速度均是 c（狹義相對論的第二假設）。

由 $\overline{AB}^2 = \overline{AC}^2 + \overline{BC}^2$ 可得

$$(Ct)^2 = (Vt)^2 + h^2$$

$$= (Vt)^2 + (Ct')^2$$

解得 $$t = \frac{t'}{\sqrt{1-\beta^2}} \text{，} \beta = \frac{V}{C} \qquad (1)$$

因V＜C故得 t ＞ t′，此代表對光子從箱底到箱頂這個事件，從固定座標系統來看此事件的經歷時間 t ，大於運動座標系統所感知到的時間 t′。因此對於相同的事件，

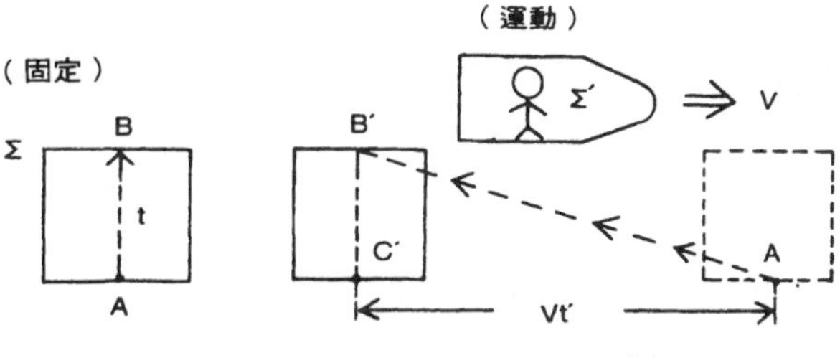

觀察者固定，箱子以等速運動

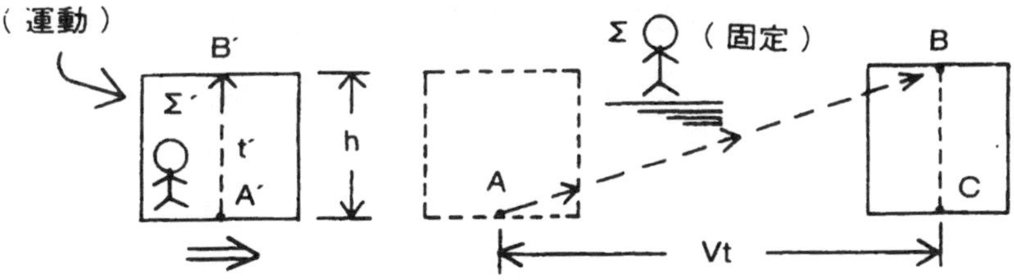

箱子固定，觀察者以等速運動

不同座標系統的人會量測到不一樣的經歷時間，這裏無所謂誰對誰錯的問題，因爲每一個系統的人都準確地量到了他們所看到的事件：

如在Σ中，觀察者所看到的光子軌跡是由A到B（見圖下），因此很自然觀察者所量到的事件經歷時間 $t=\frac{\overline{AB}}{c}$；另一方面在Σ′系統中的觀察者，見到光子的運動軌跡爲 $\overline{A'B'}$，因此他所量到的時間 $t'=\frac{A'B'}{c}$。比較 t 和 t′ 可知：

$$t=AB/c>A'B'/c=t' \qquad (2)$$

如此看來，好像是以高速前進的系統Σ′內之時間過得較慢（t′較小），但這不一定是對的。

現考慮另一種情形是圖上，實驗箱現擺在Σ系統中，因此Σ上的的觀察者所量到的時間爲 $t=\frac{\overline{AB}}{c}$；另一方面，在Σ′ 上的觀察者見到光子的運動軌跡爲從 A′到 B′（因Σ′ 以 V 向右，故見到光子往左運動），因此由Σ′ 所量到的時間 $t'=\frac{\overline{AB'}}{c}$。比較 t 和 t′ 可知：

$$t=\overline{AB}/c<A'B'/c=t' \tag{3}$$

比較(2)式，吾人發現結果恰好和(2)式相反。這是可以預期的，因等速運動有相對性，Σ覺得Σ′ 正以高速V向右運動，但Σ′ 上的人覺得他們自己是靜止的，反而是Σ正以高速V在向左運動。

附錄 B

時間與距離的幻象

現在我們回到四度空間的討論。考慮二個座標系統（參考下圖），Σ是固定的座標系，Σ′ 是相對於Σ以等速向右運動的座標系。現有一事件P，它在Σ和Σ′ 中之座標分別為 (x,y,z,t) 和 (x',y',z',t')。吾人所關心的是，同一事件P，於二個不同的系統裡的描述有何不同？亦即吾人欲找出 (x,y,z,t) 和 (x',y',z',t') 兩者間的關係。

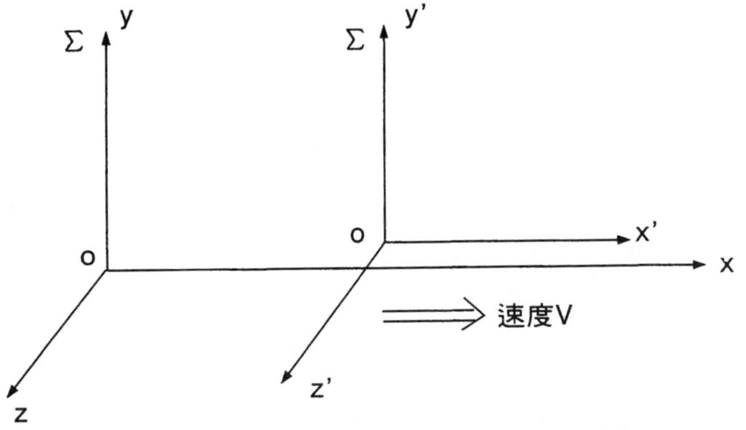

等速相對運動座標

設兩座標間的關係可表成：

$$x' = a_{11}X + a_{12}y + a_{13}z + a_{14}t$$
$$y' = a_{21}X + a_{22}y + a_{23}z + a_{24}t$$
$$z' = a_{31}x + a_{32}y + a_{33}z + a_{34}t$$
$$t' = a_{41}X + a_{42}y + a_{43}z + a_{44}t \qquad (1)$$

利用狹義相對論的二大基本假設：①慣性座標間的相對性原理。②光速不變原理，可以求出16個特定係數 aij 。現僅將結果歸納如下：

$$\begin{bmatrix} x' \\ y' \\ z' \\ t' \end{bmatrix} = \begin{bmatrix} \frac{1}{\sqrt{1-\beta^2}} & 0 & 0 & \frac{-V}{\sqrt{1-\beta^2}} \\ 0 & 1 & 0 & 0 \\ 0 & 0 & 1 & 0 \\ \frac{-V/C^2}{\sqrt{1-\beta^2}} & 0 & 0 & \frac{1}{\sqrt{1-\beta^2}} \end{bmatrix} \begin{bmatrix} x \\ y \\ z \\ t \end{bmatrix} \qquad (2)$$

其相對逆轉換爲

$$\begin{bmatrix} x \\ y \\ z \\ t \end{bmatrix} = \begin{bmatrix} \frac{1}{\sqrt{1-\beta^2}} & 0 & 0 & \frac{V}{\sqrt{1-\beta^2}} \\ 0 & 1 & 0 & 0 \\ 0 & 0 & 1 & 0 \\ \frac{V/C^2}{\sqrt{1-\beta^2}} & 0 & 0 & \frac{1}{\sqrt{1-\beta^2}} \end{bmatrix} \begin{bmatrix} x' \\ y' \\ z' \\ t' \end{bmatrix} \qquad (3)$$

吾人可以發現(2)式其實只是將(3)式中的V改成－V而已。此乃因由Σ看Σ′，見其以V之速度向右運動；若由Σ′來看Σ，則見Σ以V之速度向左運動（即－V之速度）。運動恆是相對的，沒有所謂誰是絕對靜止、誰是絕對地運動。另外吾人可以從t′的等式中：

$$t'=\frac{t-Vx/c^2}{\sqrt{1-\beta^2}} \tag{4}$$

看到Σ系統中的 x 座標也會影響到Σ′系統中的時間 t′。如果Σ的運動方向不是朝 x 方向，而是任一方向，則吾人將發現所有的空間座標 x,y,z 都會影響到時間 t′。同理，由 x′ 的等式中可得：

$$x'=\frac{x-Vt}{\sqrt{1-\beta^2}} \tag{5}$$

此表示Σ中的時間 t，會影響到 P 事件在Σ′系統中出現的位置 x′。吾人現在來看一下，在三度空間內之空間距離觀念和時間距離觀念是否能適用於四度時空中：

①空間距離：

假設Σ系統內有固定二點 $P_1(x_1,y_1,z_1,T)$,P_2 (x_2,y_2,z_2,T)，則其空間的距離可表成：

$$\overline{P_1P_2}=\sqrt{(x_1-x_2)^2+(y_1-y_2)^2+(z_1-z_2)^2} \tag{6}$$

設由Σ′內之觀察者所看到的這二點座標爲 $P_1'(x_1',y_1',z_1',T')$，$P_2'(x_2',y_2',z_2',T')$ 則由 (5) 式，吾人可以得到 P_1'和 P_2'在Σ′承統內之距離爲：

$$P_1'P_2'=\sqrt{\frac{(x_1-x_2)^2}{\sqrt{1-\beta^2}}+(y_1-y_2)^2+(z_1-z_2)^2} \tag{7}$$

其中的$\beta=\frac{V}{c}$，因此除非 V＝O（即Σ和Σ′相對不動），則由

Σ和由Σ′ 所觀測到的相同二點間的距離是不相同的。

如果我們把Σ當成是火車內的系統，Σ′ 是衛星上的系統，V是衛星的運行速度。則 P_1P_2 就是在火車上所看到的便當盒左右二端的距離，而 $P_1'P_2'$ 則為在衛星上所量到的便當盒兩端點的距離。(6)式和(7)式就是以數學的方式表達了這二種距離的不同。

②時間間距：

設Σ中有二點， $P1(X,Y,Z,t_1)$ 和 $P2(X,Y,Z,t_2)$ ，此二點代表發生在同一地點的二事件，此二事件的時間間距為：

$$\triangle t = | t_1 - t_2 | \tag{8}$$

而由Σ′ 系統所觀測到的這二事件為 $P_1'(X_1',Y_1',Z_1',t_1')$ 和 $P_2'(X_2',Y_2',Z_2',t_2')$ ，利用(5)式的轉換關係式可得到：

$$\triangle t' = | t_1' - t_2' | = \frac{| t_1 - t_2 |}{\sqrt{1-\beta^2}} \tag{9}$$

$$| x_1' - x_2' | = \frac{V | t_1 - t_2 |}{\sqrt{1-\beta 2}} \tag{10}$$

自(9)式可知原來在Σ中時間相差△t 的二事件，在Σ′ 系統來看，其時間差距已不再是△t 而是 $\triangle t' = \frac{\triangle t}{\sqrt{1-\beta^2}} > \triangle t$ ；另一方面由(10)式知原二事件是在同一地點發生，但由Σ′ 來看，此二事件卻發生在不一樣的地方，因 $\triangle x' = | x_1' - x_2' | \neq 0$

如果以前面的例子做說明，t_1，就是你開始吃便當的時刻，t_2 是吃完便當的時刻；$|t_1 - t_2|$ 就是火車上的乘客，所量到你吃便當所花費的時間；$|t_1' - t_2'|$ 是衛星上的太空人，所量到的你吃便當的花費時間。⑻式和⑼式是用數學的方式表達這二個時間的不同。

從上面數學的分析，我們有下列幾點看法：

①在肉眼可以感知的三度空間中，時間和空間是獨立的，空間的大小和時間的長短是毫不相干的。

②在四度空間中，時間和空間是互相影響的，時間可以轉換成空間，而空間也可以轉換成時間。

③所以在人世間所感知的時間和空間，實際上只是一種幻相，時間非時間，空間非空間。在四度時空中，也就是幽浮、仙佛、靈魂所進人的時空中，時間和空間是一體的，他們不會有形體的束縛和時間的限制。

由以上的分析可知空間的距離和時間的間距都無法足以描述時空中二點的距離，所謂時空的距離應只取決於二事件間的相對關係，和所採取的座標系統無關。而如前所述，傳統的距離量度：

$\triangle r = \sqrt{(x_1-x_2)^2+(y_1-y_2)^2+(z_1-z_2)^2}$ 和時距量度 $\triangle t = |t_1 - t_2|$，都會隨著觀察者所在系統的不同而不同。$\triangle r$ 和 $\triangle t$ 就是佛經中所謂的相，相是三度空間中實實在在可量到、看到的東西，但這個東西卻不是眞實的，是虛幻的；不是永恆的，而是隨意變化的。

在不一樣的系統中會看到不一樣的相，亦即不一樣的 $\triangle r$ 和 $\triangle t$

，所以此相眞是千變萬化。世間人若著於相，而認定△ r 和△ t 才是主體，那他們就沒有機會看到或認識到何者才是二個事件在四度時空中的眞實距離了。因此金剛經提到：

「菩薩應離一切相，不應住聲香味觸法生心，應無所住而生其心。」

其主要的思想是要吾人不要憑藉五官的感覺來主宰控制個人之心性行為，唯有離開一切虛幻假相才能看清事實的眞象。那事實的眞象是什麼呢？以現在所討論的主題而言，即何者才是二事件在四度時空中的眞實距離？而且此距離是如如不動的，不管以何種座標系統來描述，此距離恒不變。愛因斯坦找到了這問題的答案，他認為四度時空的距離應同時包含空間的距離和時間的距離。

茲定義下列新變數：

$$x_1 = x,\ x_2 = y,\ x_3 = z,\ x_4 = ict \qquad (11)$$

將四變數 (x1,x2,x3,x4) 的組合當成在四度時空中某一事件的座標。現有二事件其在四度時空中的座標分別為：

$$P_1(x_1^{(1)},\ x_2^{(1)},\ x_3^{(1)},\ x_4^{(1)}),\ P_2(x_1^{(2)},\ x_2^{(2)},\ x_3^{(2)},\ x_4^{(2)})$$

若將三度空間距離的觀念引伸到四度空間中，吾人有

$$P_1P_2 = \sqrt{\sum_{i=1}^{4} (x_i^{(1)} - x_i^{(2)})^2} \qquad (12)$$

奇妙的是⑿式的距離定義，不管是在何慣性系統下，其值均一樣。這一點，吾人可以簡單證明如下：

在Σ系統下，P_1，P_2 的距離可用⑾及⑿兩式而得到為

$$\overline{P_1P_2}^2 = (x_1 - x_2)^2 + (y_1 - y_2)^2 + (z_1 - z_2)^2 - C^2(t_1 - t_2)^2 \quad (13)$$

同理，在Σ′ 系統下，P_1，P_2 問的距離則為

$$\overline{P_1'P_2'}^2 = (x_1' - x_2')^2 + (y_1' - y_2')^2 + (z_1' - z_2')^2 - C^2(t_1' - t_2')^2 \quad (14)$$

利用⑵式的轉換關係式，吾人可將 $P_1'P_2'$用Σ中的量來表示，其結果如下

$$P_1P_2 = \frac{1}{1-\beta^2}\left[(x_1 - x_2) - V(t_1 - t_2)\right]^2 + (y_1 - y_2)^2 + (z_1 - z_2)^2 - \frac{c^2}{1-\beta^2}\left[(t_1 - t_2)^2 - \frac{V}{c^2}(x_1 - x_2)\right]^2$$
$$= (x_1 - x_2)^2 + (y_1 - y_2)^2 + (z_1 - z_2)^2 - c^2(t_1 - t_2)^2 \quad (15)$$

比較⒀和⒂兩式可得 $P_1P_2 = P_1'P_2'$，但Σ′為任意的，故距離定義在任一慣性座標系統之下均具有相同的值。

$$(x_1 - x_2)^2 + (y_1 - y_2)^2 + (z_1 - z_2)^2 - c^2(t_1 - t_2)^2 = \text{定值} \quad (16)$$

若 P_1，P_2 兩點非常接近，可將⒃式改寫成

$$-\triangle s^2 = \triangle x^2 + \triangle y^2 + \triangle z^2 - c^2 \triangle t^2 = \text{定值} \quad (17)$$

若將 P_1，P_2 視為四度時空中，一條曲線（吾人稱為世界線）上

的相鄰兩點，則⒄式中的△S即爲連接此二點的微弧長，更精確地講，四度時空中，微弧長的定義應可寫成

$$ds^2 = -dx^2 - dy^2 - dz^2 + c^2dt^2$$

於⒄式中△S^2加上負號是有原因的。若假設事件的運動速度爲V，則有

$$V^2 = (\triangle x^2 + \triangle y^2 + \triangle z^2)/\triangle t^2$$

利用上式，吾人可得

$$\triangle x^2 + \triangle y^2 + \triangle z^2 - c^2\triangle t^2 = (V^2 - c^2)\triangle t^2 < 0 \qquad (18)$$

上式的負號實乃因c爲所有事件速度的極限。故⒄式中之負號在保證弧長△S恆爲正值。現考慮下列之函數值

$$f(x,y,z,t) = x^2 + y^2 + z^2 - c^2t^2$$

則眞實存在的事件必須滿足

$$f(x,y,,z,t) < 0 \qquad (19)$$

此不等式所代表的圖形，是四度空間中一圓錐的內部區域，如下圖所示。此圓錐的菱線表光前進之軌跡：而圓錐的外部區域，是超光速或眞實事件無法到達的地方。

追求宇宙的真理

在上一節中，吾人討論到二個相對運動的慣性座標，在描述同一事件的差異性。其所量測到的座標位置和時間存在著如⑵式之關係式

。若採用 (11) 式之變數，吾人可將 (2) 式改寫成

$$x'_1 = x_1\cos\phi + x_4\sin\phi \tag{20a}$$

$$x'_2 = x_2 \tag{20b}$$

$$x'_3 = x_3 \tag{20c}$$

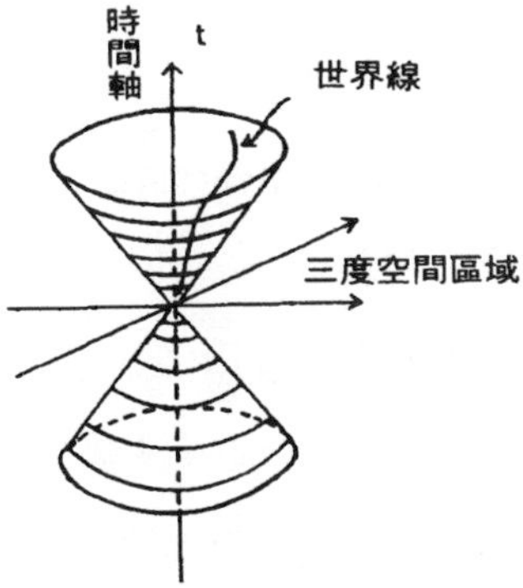

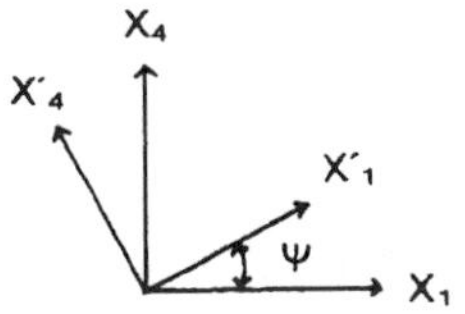

$$x'_4 = -x_1\sin\phi + x_4\cos\phi \tag{20d}$$

其中 $\cos\phi = 1/\sqrt{1-\beta^2}$ ， $\sin\phi = i\beta/\sqrt{1-\beta^2}$ (20e)

由於 x_2' 和 x_3' 二軸不變，現只考慮 x_1' 和 x_4' 二軸的平面關係。由 (20a) 和 (20b) 可知 x_1' 和 x_4' 二軸實際上是將 x_1' 和 x_4' 旋轉 ϕ 角而得。亦即以 V 速度相對於 Σ 做直線等速運動的 Σ′ 系統，若從四度時空來看，只是將原有的四度時空軸，旋轉一角度 ϕ，而所得到的新的四度時空軸。因此由 Σ′ 系統所看到的事象，相當於是從此一旋轉後的新座標軸所看到的事象。而此一旋轉角 ϕ，由 (20e) 式知，僅和 Σ' 之相對運動速度 V 有關，因此不一樣的 V 會對應不一樣的旋轉角 ϕ。而不一樣的系統會看到不一樣的相，也是因爲是從不一樣的方向

角 ϕ 觀察事物所導致的差異性。

所謂宇宙的眞理是指某些物理量不管是由那一座標系統來量測其數值恆不變者。從數學的眼光來看，宇宙的眞理是：

- 二度空間→平面曲線的弧長（或曲率）
- 三度空間→曲面之曲率
- 四度空間→空間之曲率（黎曼曲率張量）

曲線或曲面的曲率是座標轉換的不變量 (invariants) 。整部相對論包含狹義和廣義，其中心思想只有一句話：

分析並描述四度時空的不變量——空間曲率之行爲

狹義相對論因只討論慣性系統的相對運動，其所對應的座標轉換可視爲是二維的，因此一維空間的微弧長就是相對慣性座標系統間的不變量。四維空間的微弧長 ds 可表成

$$-ds^2 = dx_1^2 + dx_2^2 + dx_3^2 + dx_4^2$$

$$= dx^2 + dy^2 + dz^2 - c^2dt^2$$

在第⒄式中吾人即在證明微弧長 ds 在不一樣的慣性系統下，其值均是不變的。在下面吾人要討論的廣義相對論中，是針對非慣性座標做分析，其所對應的座標旋轉已不是三維的了，而是四維空間軸的旋轉。從四維空間的任一方位來看，不變的幾何量是三維空間在四維的空間中扭曲變形時所呈現的空間曲率，吾人通常稱之爲黎曼曲率。廣義相對論的中心主題就是在描述黎曼曲率的行爲。

綜合以上所言，宇宙的眞理是什麼呢？

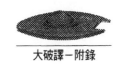

宇宙的真理就是四度時空的旋轉不變量。

以這思想爲出發點，所發展出來的相對論完美描述了大至宇宙天體、小至微粒子的運動行爲。接下來的問題是吾人是否能由三度空間中所量到的假相去拼湊宇宙的眞理呢？答案是肯定的，而且剛才的討論中吾人已經確實辦到。記得吾人曾經提到三度空間的距離量度$\triangle x^2 + \triangle y^2 + \triangle z^2$和時間量度$\triangle t$都是虛幻的相，都不足以代表眞實的事件。但一旦吾人把距離的量度和時間的量度作如下的組合

$$ds^2 = -\,[dx^2 + dy^2 + dz^2] + c^2dt^2 \tag{21}$$

距離量度　　時間量度

這時的 ds 已經不再是相，而是二相鄰事件在四維時空中的眞實距離。這一種組合將原有的相成份對消掉，而剩下不變的本體。這一過程給吾人很大的啓示：

雖然吾人是處在充滿幻相的世界，但根據某些法則，吾人可以從幻相中粹取永恆的真理。

這個重要的啓示，其實在金剛經中早有記錄：

若見諸相非相，則見如來。

就是說若能從千萬種相中，看出不是相的成份，則能見宇宙本來之面目。這樣的說法，不就是吾人前面所提及的由相中粹取眞理的觀念嗎？

附錄 C

狹義相對論時空效應

(A)時間延緩效應

根據狹義相對論的理論：

「在高速前進的太空船內，時間會過得比較慢。」

若用數學的式子表示，則成

$$t = \frac{t_0}{\sqrt{1-(V/C)^2}}$$

其中

t_0：太空船內的時間

t：靜止地面上的時間

V：太空船的速度

c：光速

舉例

- 設太空船的速度 $V = 0.999C$
- 在太空船內時間 $t_0 = 1$ 年
- 則在地面上的時間過了

$$t = \frac{1}{\sqrt{1-0.999^2}} \approx 22$$

也正因爲在高速前進的太空船內，時間會過得很慢，飛碟外星人或將來的人類才有可能以有生之年進行漫長的星際之旅。

•問：宇宙的範圍約 200 億光年，用光速旅行也要 200 億年才能到達宇宙的邊緣，以人類百年的歲月能旅行到宇宙邊緣嗎？

•答：若火箭的速度可接近到光速的範圍，則人類在有生之年，絕對可以遨遊宇宙內任一地方。

舉例

若太空船以 9.8m/sec^2（1個G）的等加速度前進，則：

第 2 年	到達最新的恒星，半人馬座α星C。
第 12 年	已飛行了 10 萬光年，脫離本銀河系範圍。
第 14 年	到達最接近本銀河系的二個銀河系，大小麥哲倫雲系。
第 19 年	飛行距離打破 1 億光年大關。
第 23 年	飛行距離 100 億光年，到達宇宙邊緣的中途站。並開始以一個 G 減速。

第 46 年	停在 200 億光年遠的宇宙邊緣處。
第 92 年	重回太陽系，地球時間已經歷 400 億年，可能地球、太陽早已不存在。

(B)長度縮減效應

根據狹義相對論的理論：

「在高速前進的太空船內，物體的長度會變得比較短。」

若用數學式子表示，則成

$\ell = \ell_0\sqrt{1-(V/C)^2}$

其中

ℓ_0：在太空船內所觀察到的長度

ℓ：在靜止地面上所觀察到的長度

V：太空船的速度

c：光速

因此，

當 $V \rightarrow c$ 時，則有 $\ell \rightarrow 0$ 之結果。

亦即當太空船的速度接近於光速時，對於地面的觀察者而言，太空船的長度應接近於 0 。

(C)質量增加效應

「高速前進的太空船，質量會增加。」

$$m = \frac{m_0}{\sqrt{1-(v/c)^2}}$$

m_0：靜止質量

m：飛行中的質量

舉例

若有一目擊者，觀察到幽浮從起飛到消逝的全程，則其所看到的情形，應可描述如下：

①設目擊者所看到的靜止幽浮全長 10 公尺。

②當幽浮加速到 0.1 倍光速時，目擊者所看到的幽浮全長為

$l = l_0\sqrt{1-(V/c)^2}$

$= 10\sqrt{1-0.1^2} = 9.95(m)$

③當幽浮加速到 0.9 倍光速時，目擊者所看到的幽浮全長為

$l = l_0\sqrt{1-(V/c)^2}$

$= 10\sqrt{1-0.9^2} = 4.36(m)$

④當幽浮加速到 0.99 倍光速時，目擊者所看到的幽浮全長為

$l = l_0\sqrt{1-(V/c)^2}$

$= 10\sqrt{1-0.99^2} = 1.41(m)$

⑤當幽浮加速到 0.99999 倍光速時，目擊者所看到的幽浮全長為

$l = l_0\sqrt{1-(V/c)^2}$

$= 10\sqrt{1-0.99999^2} = 4.5(cm)$

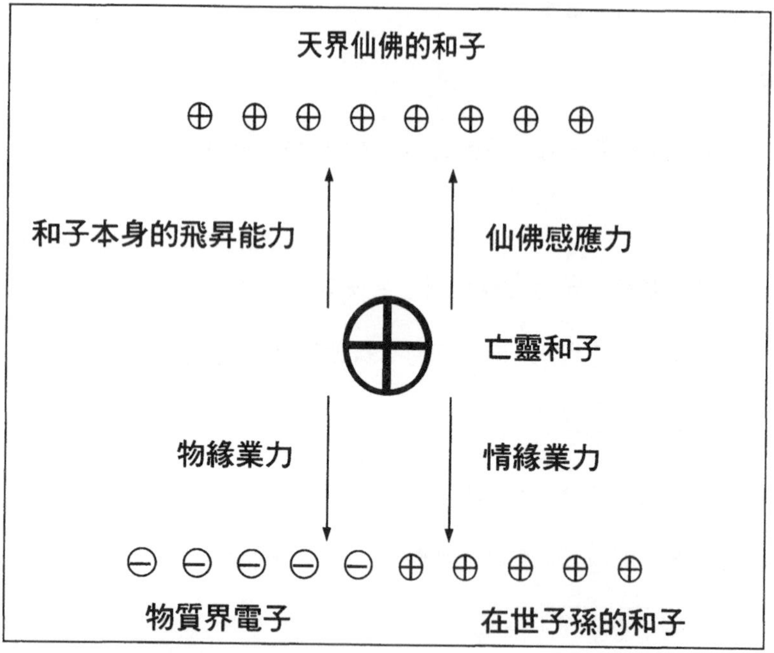

當 和子飛昇能力 加 仙佛感應力

大於

情緣業力 加 物緣業力

時，則出脫輪迴。

影響輪迴的四種力

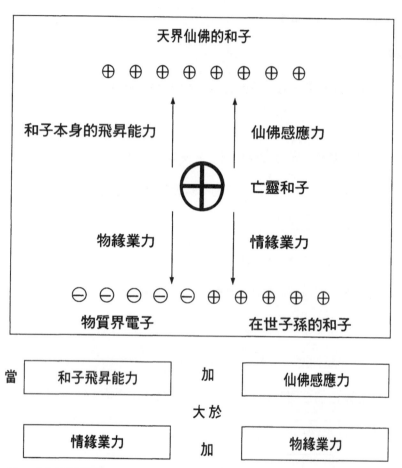

國家圖書館出版品預行編目資料

大破譯／楊憲東著.
——第一版——臺北市：宇河文化 出版；
紅螞蟻圖書發行，2001【民90】
面 ； 公分——(Discover；1)
ISBN 978-957-659-228-7（平裝）
1.宗教與科學 2.不明飛行體
3.死亡 4.輪迴 5.靜坐
200.16 90002731

Discover 1

大破譯

作　　者／楊憲東
發 行 人／賴秀珍
總 編 輯／何南輝
文字編輯／林芊玲
美術編輯／林美琪
出　　版／宇河文化出版有限公司
發　　行／紅螞蟻圖書有限公司
地　　址／台北市內湖區舊宗路二段121巷19號(紅螞蟻資訊大樓)
網　　站／www.e-redant.com
郵撥帳號／1604621-1　紅螞蟻圖書有限公司
電　　話／(02)2795-3656（代表號）
傳　　真／(02)2795-4100
登 記 證／局版北市業字第1446號
法律顧問／許晏賓律師
印 刷 廠／卡樂彩色製版印刷有限公司
出版日期／2008年 12 月　第二版第一刷
2019年 12 月　　　第三刷(500本)

定價 300 元　港幣 100 元

ISBN 978-957-659-228-7　　Printed in Taiwan